DIRK REIMER

Beginn die Woche nie mit einem **MONTAG!**

Impressum

ISBN: 9781973301523

INHALT

Du kannst alles innerhalb einer Woche ändern!

EINLEITUNG

„Na, hältst Du Dir den Donnerstag immer noch von Terminen frei?“ fragte mich letztens schmunzelnd ein Freund, den ich nach mehreren Jahren mal wieder in einer Berliner Kneipe traf. Es war ihm im Gedächtnis geblieben, dass ich an einem Donnerstag keine Termine im Vorhinein machte, um an diesem Tag auf Überraschendes reagieren zu können. Denn das war der Donnerstag für mich aus seiner Grundstimmung heraus, was das „Donnern“ im Namen ja auch schon erahnen lässt: Ein Tag der Überraschungen. Das hatte ich nach langen Jahren intensiver Beschäftigung mit den Wochentagen herausgefunden.

Dabei hatte ich ursprünglich gar nicht vorgehabt, mich so ausgiebig mit diesem Thema zu beschäftigen. Aber wie es halt so ist: Nebenwege entwickeln sich manchmal zum zentralen Weg. Etwas, was man „mal so eben“ begann, entpuppt sich mit der Zeit als eine Lebensaufgabe.

Auf jeden Fall erging es mir so, als ich mich vor fast dreißig Jahren daran machte, „mal eben“ einen Wochenplan zu erstellen, um für meine privaten und beruflichen Tätigkeiten den passenden Zeitpunkt in der Woche zu finden. Ich erhoffte mir davon, effektiver studieren und anderes, was mir eher lästig war, auf einen Zeitpunkt legen zu können, an dem es mir leichter von der Hand ging.

Vielleicht entstand der Wunsch für diesen Wochenplan aber auch nur in mir, weil ich als ein an der Ostsee aufgewachsener leidenschaftlicher Surfer mit der Zeit ein gesundes Misstrauen für falsche Zeitpunkte erlangt hatte und nun intuitiv diese

Erfahrung auf mein restliches Leben übertrug. Zu oft war ich in einer Sandbank mit meinem Brett hängengeblieben und hatte durch teils schmerzvolle Stürze gelernt, was es heißt, das Segel zu früh oder zu spät in den Wind zu halten. Ich hatte schnell gemerkt: Am besten komme ich über Untiefen, wenn ich mich in das Gesamte einfüge und mir die richtige Welle aussuche … die mich dann wie von selbst über die Gefahrenstelle hinweg trägt.

Oder wollte ich doch nur etwas meinem schlechten Gewissen entgegensetzen? Meine Kommilitonen verzichteten nämlich mit fortschreitendem Studium im Gegensatz zu mir zunehmend auf´s Tanzengehen und Feiern, was ich geradezu als kontraproduktiv empfand, denn ich hatte die Erfahrung gemacht, dass ein gesundes Maß an Freizeit meiner Motivation und meinen Leistungen in der Universität zugutekam. Das Tanzen hielt schließlich den Körper fit und die regelmäßigen Museumsbesuche, auf die ich brennende Lust verspürte, die aber vordergründig so gar nichts mit meinem Studium zu tun hatten, machten für mich Sinn, weil sie meinen Geist beweglich hielten. Etwas für den Körper und seine Kreativität zu tun konnte doch nicht schlecht sein, sagte ich mir, und ordnete ihnen trotzig die ihnen in meinen Augen passenden Zeitpunkte in der Woche zu, in denen ich mir solchen „Luxus“ leistete.

Warum auch immer: Nach und nach entstand so durch achtsames Nachspüren und Ausprobieren "Mein Wochenplan“, der alle meine Bedürfnisse berücksichtigte und nach dem ich mich in der Folgezeit peinlichst genau richtete. Mit Erfolg, wie ich rückblickend sagen kann, denn so vermied ich nicht nur die allgemeine Prüfungspanik vieler meiner Mitstudenten: Ich war im Gleichgewicht, druckfreier, entspannter und strukturierter als viele andere. Oder auf der Welle, wie ich als Surfer sagen würde. Tanzen ging ich regelmäßig mittwochabends, in´s Museum schließlich freitagnachmittags. Ich erinnere mich gut daran, dass manchmal Kommilitonen mich fragten, wie es denn sein könne, dass ich Prüfungen, bei denen so viele durchfielen, bestand; denn ich hätte ja nicht viel Zeit haben können zum Lernen bei all den Aktivitäten, die ich „nebenbei" so betrieb. Für mich aber war klar: Mein Wochenplan, der allen meinen Bedürfnissen ihren Raum gab, ließ mich letztendlich nicht nur erfüllter und glücklicher leben, sondern auch effektiver und motivierter arbeiten als andere!

Nach diesen Erfolgen entwickelte ich mit der Zeit den Ehrgeiz herauszufinden, ob sich meine Überlegungen zum Wochenaufbau nicht auch auf den Aufbau eines ganzen Jahres übertragen ließen. Ich stellte mir die Frage, ob es nicht analog zu den Wochentagen auch Jahreszeiten gab, in denen mir bestimmte Tätigkeiten gut und andere wieder nicht so gut von der Hand gängen. Und tatsächlich stellte ich nach und nach fest, dass sich meine Erkenntnisse, die ich zum Aufbau der Woche erlangt hatte, auch auf das Jahr und, nachdem ich später noch weiter forschte, sogar auf die Jahrsiebte anwenden ließen. Und dann kam noch die Übertragung auf jeden einzelnen Tag an die Reihe: Ich sehe heute noch, neben meinen sehr farbigen Wochen- und Jahreskalendern, meine selbstgebastelte Uhr über der Küchentür, deren buntes Ziffernblatt den Tag in sieben Teile einteilte.

Mit der Zeit entwickelte ich immer genauere Vorstellungen davon, wie meine Seele „tickt", im wahrsten Sinne des Wortes, und bald wurde es für mich selbstverständlich, mir jederzeit bewusst zu machen, wo ich mich zeitlich gerade befand: In welchem Jahr, in welchem Jahresabschnitt, an welchem Wochentag... und traf manchmal vor diesem Hintergrund einige für meinen Freundes- und Kollegenkreis merkwürdige Entscheidungen: Im Studium fiel ich zum Beispiel dadurch auf, dass ich donnerstags, selbst wenn wichtige Klausuren anstanden, ich mich nicht wie alle anderen zum Lernen zurückzog, sondern, da ja Donnerstag, durchaus auch mal einen Ausflug ins Fränkische mit Biergartenbesuch machte. Oder später im Beruf zögerte ich einen Projektbeginn gegen äußere Widerstände teilweise so lange hinaus, bis in meinen Augen der stimmige Zeitpunkt für Neues gekommen war.

Es ist nicht immer leicht, als Surfer die Welle zu reiten, wenn man nicht alleine auf dem Brett steht. Doch da ich im Studium meine Klausuren in der Regel bestand und später auch meine beruflichen Projekte erfolgreich umsetzte, wurden immer mehr Menschen auf meine Forschungen aufmerksam und suchten das Gespräch mit mir. Schon bald wurde mir klar, dass nicht nur meine eigene Seele, sondern auch die Seelen aller meine Freunde und Kollegen, diesem von mir gefundenen Rhythmus folgten, so dass mein Timing zunehmend Nachahmer fand. Schließlich konnte es nicht ausbleiben, dass ich immer öfter um Rat in Zeitfragen gebeten wurde. So entschloss ich mich, meine Energien zu bündeln und Seminare zu diesem Thema anzubieten.

Nun war ich kein ausgesprochener Experte zu den Themen Astronomie, babylonische Geschichte oder germanische Götter; Felder, die mit der Geschichte der Entstehung unserer heutigen Woche zu tun haben und von denen jedes einzelne ganze Bibliotheken füllt.
Alles, was ich hier beschreibe, basierte ursprünglich auf Selbstbeobachtung. Erst anschließend habe ich entsprechende Literatur studiert und geschaut, was meine Thesen stützt und was ihnen eventuell widerspricht. Dann habe ich meine Regeln aufgestellt, danach gelebt und sie weiter an das, was ich erkannte, angepasst. Mein Maßstab war immer: Tun, was funktioniert, auch wenn es teilweise anderen Konzepten widersprach. Auch schaute ich immer, ob das, was ich in meinem Leben feststellen konnte, sich auch bei anderen zeigte.

Bei meinen Forschungen hatte ich nach einiger Zeit, nachdem ich erst einmal erkannt hatte, dass es sich beim Wochenrhythmus nicht alleine um den Aufbau unserer Woche handelt, sondern um einen viel umfassender geltenderen Rhythmus der Seele, keine Probleme mehr damit, kräftig zwischen den einzelnen Zeitebenen hin und her zu wechseln, und beispielsweise Stimmungen und Gefühle, die ich zu bestimmten Jahreszeiten empfand, auf die Wochentage, die diesem Jahresabschnitt entsprechen, zu übertragen. Oder wenn es bestimmte Ereignisse in meinem „Dienstagsjahr" gab, schaute ich ergänzend, ob ich sieben oder vierzehn Jahre vorher vielleicht Vergleichbares erlebt hatte, und rundete damit mein Bild auch über den Dienstag als Wochentag weiter ab.

Heute lese ich keinen Zeitungsartikel und führe kein Gespräch mehr, ohne instinktiv innerlich mitzurechnen, in welchem Lebensjahr der oder dem Betroffenen etwas geschah, oder wann sie oder er etwas Wesentliches tat, und ich muss sagen, ich bin im Laufe der vielen Jahre noch keiner Biographie begegnet, die nicht dem allgemeinen Rhythmus der Seele gefolgt wäre. Insofern schreibe ich dieses Buch aus der tiefen Gewissheit heraus, dass alles was ich hier beschreibe für jeden auf sein eigenes Leben anwendbar und, vor dem Hintergrund meiner Erfahrungen aus den Seminaren und Coachings, für jeden auch nachvollziehbar ist.

Neben der Absicht, mit diesem Buch mein Wissen weiterzugeben, ist es vor allem der Wunsch, dass dieses Buch dem Leser dabei hilft, das Leben gelassener zu leben, der mich motiviert hat, dieses doch ziemlich zeitaufwändige Vorhaben in Angriff zu nehmen. Ich würde gerne mit meiner Arbeit zur Vergrößerung des Bewusstseins dafür beitragen, dass alles im Leben halt nun mal seinen vom Rhythmus der Seele vorgegebenen Zeitpunkt hat und sich im Rückblick nichts von Bestand „gegen die Welle" hat erzwingen lassen. Viele fühlen sich heute ja als ständig Getriebene und der sogenannte Burnout breitet sich fast epidemisch aus.

Ich würde mich freuen, wenn ich möglichst viele dafür begeistern könnte, das Leben einmal durch diese „Brille“ zu sehen. Das Risiko ist relativ gering, denn das Wissen über den Rhythmus unserer Seele ist nicht neu. Alles ist althergebracht, uraltes überliefertes Wissen. Ich habe es nur neu aufgeschrieben. Ich bin mir sicher, es kann vieles im Leben verändern!

Vielleicht raucht manchem beim Lesen dieses Buches ab und zu mal der Kopf oder Du sperrst Dich gegen eine Information. Mein Tipp: Einfach weiterblättern! Vieles wiederholt sich und manches versteht man etwas besser, wenn es von einer anderen Richtung aus, in einem anderen Zusammenhang, erzählt wird. Und auch einfach mal das Buch liegenlassen wird nicht schaden. Kaum einer, der sich auch nur etwas mit dem Rhythmus der Seele beschäftigt hat, bekommt es meiner Erfahrung nach wieder aus dem Kopf und, einmal angefixt, reizt es einen doch, immer mal wieder nachzuschlagen, was denn nun über einen Tag oder ein Jahr geschrieben wurde... und so findet man mit etwas Glück auch in die anderen Kapitel wieder rein.

Nebenwege entwickeln sich manchmal zum zentralen Weg. Die Beschäftigung mit den Wochentagen ist für mich ein Hauptthema in meinem Leben geworden und die Antwort auf die Frage, warum ich gerade in einem „Donnerstagsjahr“ mit Mitte zwanzig anfing, mich mit den Wochentagen zu beschäftigen, die habe ich mittlerweile auch gefunden. Denn natürlich hat auch der Beginn eines „Nebenweges“ seine ganz bestimmte Zeit ...

ZUR EINFÜHRUNG: ALLES HAT SEINE ZEIT

„Ein jegliches hat seine Zeit, und alles Vorhaben unter dem Himmel hat seine Stunde."

(Prediger 3, 1-8)

… und wer sich nicht daran hält „mühe sich ab, wie man will, so hat man keinen Gewinn davon." So steht´s schon in der Bibel. Dahinter steht die Vorstellung, dass alles seinen Platz im Universum hat und es ein übergeordnetes Feld gibt, in dem alles, was passiert, miteinander verbunden ist. Wir sind miteinander vernetzt; keine Handlung, und sei sie auch noch so klein, ist ohne Ursache und Wirkung. Alles fügt sich ein ins Große und zusammen entsteht ein vollkommenes Ganzes. Schönheit, Majestät und Vollkommenheit ist das Ziel.

Vom richtigen Zeitpunkt…

Insofern hat jedes Vorhaben auch seinen passenden Zeitpunkt, wie jedes Instrument im Orchester den ganz bestimmten Takt als Einsatz. Vorbilder für die Sinnhaftigkeit dieser aufeinander abgestimmten Folge von Ereignissen gibt es in der Natur oder auch im menschlichen Leben zuhauf. So macht es zum Beispiel keinen Sinn, auf gefrorenem Boden seine Samen zu säen oder einem kleinen Baby Schreinerarbeiten zu geben. Alles hat seine Zeit.

… und Eigenzeiten

Und genauso wichtig wie der richtige Zeitpunkt zum „Einsatz" ist das Wissen um die Eigenzeiten der einzelnen

Ereignisse. Es macht keinen Sinn, wenn das kleine Kind an einem Tag keine schweren Schreinerarbeiten ausführen kann, es am nächsten Tag wieder zu versuchen. Ein Kind braucht die ihm eigene Zeit zum Wachsen und Lernen.

So wie wir auch wissen, dass es keinen Sinn macht, die kleinen sauren Äpfelchen im Frühsommer schon zu ernten. Wir wissen, dass sie erst im Herbst ausgereift und süß sind. Es kann alles sich nur zu seiner vollen Wirkung entfalten, wenn ich ihm die ihm eigene Entwicklungszeit einräume.

Wenn ich die Welt so anschaue, dann muss aus jeder Nichtbeachtung von Eigenzeiten oder mit jedem Beginn zum unpassenden Zeitpunkt ein Stück weit Chaos entstehen, in dem keine nachhaltigen Lösungen zu erwarten sind.

Von Chronos...

Von dieser Erkenntnis, dass alles seinen passenden Zeitpunkt hat, was die Griechen mit „Kairos" bezeichnen, haben wir uns in der „Moderne" mittlerweile weit entfernt. Der Gott „Chronos", der Bruder von Kairos, herrscht mittlerweile über uns: Das „Chronometer", das Uhrwerk im wahrsten Sinne, bestimmt unsere Zeiteinteilung seit dem Siegeszug der Industrialisierung. Die Uhr ist allgegenwärtig und unsere arbeitsteilige Produktionsweise hat dazu geführt, dass wir, abgeleitet von den Notwendigkeiten eines aufeinander abgestimmten Produktionsprozesses, unsere Tätigkeiten quasi minütlich synchronisieren. „Just in time" ist der Schlüsselbegriff der Industrie, die den Anspruch hat, so exakt aufeinander abgestimmt zu sein, dass sogar Zwischenlager möglichst wegfallen können.

Entsprechende Erwartungen stellt man an uns Menschen: Unabhängig von unseren seelischen und biologischen Rhythmen sollen wir zu jeder Tages- und Nachtzeit zur Arbeit bereit sein. Selbst unsere Kinder in jungen Jahren werden schon für neun Stunden täglich in die Schule geschickt, in der hauptsächlich industrierelevante Lerninhalte vermittelt werden, und der Rest des Tages mit Hausaufgaben aufgefüllt, damit sie möglichst schnell dem Produktionsprozess zur Verfügung stehen. Produktions- und Marktbedingungen, Maschinen und Logistiksysteme geben hierfür den Takt und die Inhalte vor. Infolgedessen auftretende körperliche oder seelische Beschwerden werden nicht als etwaiges Zeichen daraufhin gedeutet, dass ein solches Leben menschenfeindlich sein und krank machen könnte, sondern eher als Herausforderung gesehen, Medikamente zu entwickeln, die uns Menschen unabhängig von unseren biologischen und seelischen Rhythmen weiterhin wie eine Maschine „funktionieren" lassen.

… und Kairos

Insofern ist ein Sich-Einlassen auf den Rhythmus der Woche, und im weiteren Sinne auf den Rhythmus unserer Seele allgemein, auch ein Stück weit Rückbesinnung auf das Weltbild, das vor der Industrialisierung bei uns herrschte. Ein „Sich-Erinnern", dass es ein althergebrachtes Wissen um die Gesetzmäßigkeiten menschengerechten Lebens und Wachsens gibt und dass die Fähigkeit, ein Dampfschiff bauen zu können, das sicherlich das Produkt großer und bewundernswerter Ingenieurskunst darstellt, weil es sich unabhängig von Wind und Strömung bewegen kann, nicht bedeuten muss, dass wir Menschen auch so wie ein Dampfschiff funktionieren.

Vom maschinen- zum menschengerechten Rhythmus

Denn wir Menschen stammen aus einer geheimnisvolleren Quelle, die den Tiefen unseres Kosmos entspringt, und tun gut daran, uns um unserer eigenen und der Gesundheit

unserer Gesellschaft willen darauf wieder zu besinnen und ganz bewusst in das Ganze einzufügen.
Und auch unsere Industrieführer sollten nicht vergessen, wer die ursprünglichen Taktgeber ihres Rhythmus, nach dem sich alle richten sollen, sind: Stunden und Minuten sind ja selber nur eine künstliche Brücke zwischen den beiden natürlichen Haupttaktgebern des Tages, nämlich der Sonne mit ihren die Tageslänge bestimmenden Auf- oder Untergängen, und unserem Herzen, dessen Rhythmus das ursprüngliche Maß für die Sekunde darstellt und dessen Schlagen der Inbegriff des Vergehens von Zeit per se ist. Womit wir wieder ganz nah beim Menschen und seinem seelischen Empfinden sind, dem Maßstab, auf den letztendlich alles anzuwenden ist. Und dessen Seele, ähnlich wie unser Herzschlag auf die Umdrehungen der Erde, abgestimmt ist auf den Rhythmus des großen alles zusammenfügenden Ganzen.

DER "RHYTHMUS UNSERER SEELE"

„Wenn wir unserer Seele nur rückhaltlos vertrauten, würde uns jeder Segen zuteilwerden, jede Wohltat, die wir benötigen."

(John O`Donahue)

Wer kennt das nicht: In manchen Jahren überschlagen sich die Ereignisse, in anderen passiert nichts. Zu bestimmten Jahreszeiten könnte ich Bäume ausreißen, an anderen ist mir alles zu schwer. Woran liegt das?

Unsere Seele, ein sich rhythmisch bewegender feinstofflicher Körper

Vielleicht hilft es, wenn wir uns unsere Seele als einen feinstofflichen Körper vorstellen, der sich wie das Herz oder unsere Lunge rhythmisch ausdehnt und zusammenzieht. Aber dabei nicht nur *eine* Amplitude mit den Polen „aufgepumpt“ und „leer“ besitzt, sondern *mehrere* Seelenzustände. Wenn sich nun unsere Seele in Richtung einer dieser Seelenzustände ausdehnt, beispielsweise dem Zustand „Trauer“, dann werden mir alle Tätigkeiten, die damit im Zusammenhang stehen, leicht fallen ... und alles was ich zu dieser Zeit mit Tatendrang beginnen will, wahrscheinlich scheitern.

Unsere Ahnen kannten den Rhythmus unserer Seele

Diese Abfolge von Seelenzuständen, von denen jeder seine Bedeutung und seinen wichtigen Platz in unserem Leben hat, folgt einem bestimmten Rhythmus, dem „Rhythmus unserer Seele“, der uns im Laufe eines Zyklus durch alle potentiellen Seelenzustände führt. Unsere Ahnen kannten diesen Rhythmus und haben ihn uns in vielen Überlieferungen wie in Sagen und Märchen und auch mit dem Wochenaufbau beschrieben.

Ihre Absicht damit ist klar: Sie wollten uns Mut machen, effektiv zu handeln, indem wir auf unsere Seele hören, der inneren Stimme folgen. Als ob sie uns sagen würden: „Wenn Du glücklich sein willst, dann höre immer auf Dein Herz, zögere nicht, zu seiner Zeit das zu tun, was aus dem

Seelenrhythmus heraus getan werden muss, auch wenn es unter Umständen unbequem und risikovoll ist!“

Was passiert, wenn wir dem Rhythmus nicht folgen?

Oft, eingespannt in unseren Alltag, versuchen wir jedoch, obwohl wir es eigentlich anders in uns fühlen, durch Selbstüberwindung das von uns von außen Geforderte zu erfüllen; mit entsprechend hohem Kraftaufwand und oft mäßigem Ergebnis. Die Überwindung des Selbst kostet halt Kraft, die uns dann woanders später fehlt. (Wobei wir die Überwindung des Selbst nicht mit der Überwindung der Angst vor etwas verwechseln dürfen. Deren Überwindung kann uns ganz im Gegenteil ein riesiges Kräftepotential neu erschließen.)

Wir haben verlernt, unserer Seele zu vertrauen, und können uns oft auch gar nicht mehr vorstellen, dass das Hören auf die „innere Stimme“ uns das Leben letztendlich wirklich viel leichter und reicher machen könnte. Oft habe ich von kranken oder unglücklichen Menschen erfahren, dass sie zu bestimmten Zeitpunkten in ihrem Leben aus Bequemlichkeit, Sicherheitsbedenken oder schlicht aus Gehorsam ihrer inneren Stimme nicht gefolgt sind und dieses nun bitter bereuen.

Wir verdrängen häufig Gefühle wie Wut oder Trauer und wundern uns, dass wir, wenn wir das über einen längeren Zeitraum tun, dann mit der Zeit krank werden. Vom Herzinfarkt zum Beispiel sagt der Volksmund, dass sich die ungeweinten Tränen um das Herz gelegt haben. Ähnlich verhält es sich mit der Wut, deren Unterdrückung auch vielfältige Krankheitsbilder bewirken kann. „Da kommt mir ja die Galle hoch!“ oder „Ich kriege so einen Hals!“ sagt man.
Es ist also eine Art vorsorglicher „seelischer Hygiene“, regelmäßig eventueller Trauer oder Wut nachzuspüren und sie auszudrücken… und es fällt einem deutlich leichter an dem

richtigen Zeitpunkt dafür. Lasse ich mich auf den Rhythmus meiner Seele ein, dann wird mein Weg durch´s Leben so ein ständiger Heilungs- und Initiationsweg, durch den ich mich nach und nach in Richtung Gesundheit und meiner Bestimmung entwickle.

Hier an dieser Stelle wird auch deutlich, dass das Bewusstsein, dass ich jedes Gefühl zu einem bestimmten Zeitpunkt auch wirklich ausdrücken darf, ja im Hinblick auf meine seelische Gesundheit geradezu muss, Freiheit kreiert: Einfach, weil es nichts mehr gibt, was ich zurückhalten sollte. Im Gegenteil: Unser Umfeld reagiert auf Gefühlsausbrüche, die zu dem ihnen gehörigen Zeitpunkten stattfinden, wesentlich toleranter und verständnisvoller, als wenn sie zur „Unzeit" geschehen... teilweise auch, weil es sie zu bestimmten Zeitpunkten geradezu erwartet und erleichtert ist, wenn sie geschehen.

Im Kleinen wie im Großen

Der Rhythmus unserer Seele zeigt sich im Kleinen wie im Großen: Wie im Wochenlauf an den einzelnen Tagen lassen sich auch innerhalb jedes einzelnen Tages alle Seelenstimmungen erspüren, genauso wie im Jahreslauf oder im Jahrsiebt.

Nirgends aber haben unsere Ahnen den Rhythmus unserer Seele so deutlich beschrieben wie im Siebentagezyklus unserer Woche, deren Aufbau damit Modellcharakter hat. Mit den Bezeichnungen der Wochentage und ihrer Anordnung haben uns unsere Alten Handlungsempfehlungen mit auf den Weg gegeben, die ein uraltes Wissen um den Weg zu einem erfüllten und glücklichen Leben in sich bergen.

EINE KLEINE ÜBUNG ZUM ERKENNEN DES RHYTHMUS DER SEELE IM EIGENEN LEBEN

Das hört sich erst mal sehr theoretisch an und ist bis jetzt erst eine Behauptung. Um einen ersten Eindruck davon zu gewinnen, wie exakt unsere Seele rhythmisch schwingt, mache ich in meinen Seminaren am Anfang immer folgende Übung:

Denk bitte an ein Ereignis, an dem Du „ins Feuer gesprungen" bist, wo Du die Entscheidung getroffen hast: „Jetzt gilt es! Komm ich um, so komm ich um!". Oder denk an eine für Dich sehr wichtige Aktion, wie an eine Unternehmensgründung, einen Schritt, der die Überwindung von äußeren Widerständen voraussetzte. Etwas, was Du schon mindestens zwei Jahre vorher gewollt, vielleicht auch länger, und was Du jetzt endlich gemacht hast; aus freien Stücken und nicht aus einer Krise heraus! Volles Risiko! Alles auf eine Karte! Und wofür Du Dich vielleicht ein halbes oder ein Jahr vorher aus einem anderen Kontext selber bewusst gelöst hast.

Einen solchen Schritt vollzieht man in der Regel immer in einem „Dienstagsjahr". Ein Dienstagsjahr beginnt immer im Herbst des Jahres, in dem man 8, 15, 22, 29, 36, 43, 50, 57, 64 usw. geworden ist und endet ein Jahr später im Herbst. Rechne es doch mal aus!

Und, stimmt´s?

Manchmal haben Menschen in ihrem Leben noch nie solche Schritte gemacht. In der Regel mehr Frauen als Männer, weil der Dienstag, wie wir später sehen werden, dem Mars und damit dem männlichen Pol zugeordnet ist und sich vor allem Frauen damit schwerer tun.

Für diejenigen, denen also kein „Dienstagsereignis“ ad hoc einfällt, deswegen hier eine andere Übung: Denk bitte an ein Ereignis, wo etwas völlig Überraschendes, Unerwartetes in Dein Leben trat, das Du so nicht erwartet hättest und das sich erheblich auf Deine Lebenssituation oder auf Dein Lebensgefühl auswirkte. In der Regel etwas Befreiendes, auch wenn es vielleicht zuerst gar nicht so den Anschein hatte. Oder eine Unternehmung, wo Du einfach das Gefühl gehabt hast, irgendwohin aufbrechen zu müssen „wo die Dinge nichts wiegen“ und Frühlings- und Aufbruchsgefühle entstanden.
Das wird in der Regel ein „Donnerstagsjahr“ gewesen sein, in dem sich vieles zurechtrüttelt und Überraschendes geschieht, auch oder sogar gerade gegen Deinen Willen. Ein Donnerstagsjahr beginnt immer im Herbst des Jahres, in dem man 10, 17, 24, 31, 38, 45, 52, 59, 66 usw. geworden ist und endet ein Jahr später im Herbst.

Rechne es doch mal aus!

DER RHYTHMUS UNSERER SEELE: IM WOCHENAUFBAU BESCHRIEBEN

Die sieben Tage der Woche beschreiben den Weg, auf dem unsere Gefühle durch die Welt wandern können.

Jeder Seelenstimmung ordnet der Rhythmus unserer Seele einen Zeitraum zu, was bedeutet, dass in unserem Wochenaufbau jeder Tag seine eigene spezielle An- und Aufforderung an uns Menschen birgt. Man kann sagen: Unsere Stimmungen schwingen im Rhythmus der Woche, weil unsere Empfänglichkeit für eine bestimmte Stimmung zu einem Zeitpunkt in der Woche jeweils ihren Höhepunkt hat und dann wieder abklingt.
Ich bin also so immer wieder jede Woche aufs Neue aufgefordert, mich mit all meinen Wünschen und Ängsten auseinanderzusetzen, was nicht heißen muss, dass ich an jedem Zeitpunkt die dazugehörige Stimmung auch wirklich immer empfinde. Wir sind aber dann für diese eine Stimmung besonders empfänglich und sollten sie ausdrücken, wenn sie sich zeigt.

Die Woche als Weg durch alle Seinszustände

Die Woche, so bewusst gelebt, führt uns immer wieder ein Stück mehr in unsere Mitte, denn wenn wir im Laufe jeder Woche uns den Raum geben, alle unsere seelischen Empfindungen auszudrücken, kann das, was im Hintergrund auf uns einwirkt, „die Wirklichkeit", sich durch uns entfalten.

Die Woche immer wieder bewusst gelebt, ordnet uns so mit der Zeit innerlich um und gestaltet nach und nach unser ganzes Leben neu… bis ich voll und ganz ich selbst bin; also in dem Zustand, in dem ich mich wirklich kennengelernt habe und akzeptiere, was mich ausmacht.

Ich werde immer wieder gefragt, ob es denn nicht vollkommen egal sei, wann ich meine Woche beginne, wenn man nur den Rhythmus einhält.
Die Antwort ist ganz klar: Nein, das geht nicht. Es scheint so, dass unsere Seelen kollektiv zusammen schwingen und es ist auch bezeichnend, dass wir meines Wissens durch alle Wirren der Geschichte hindurch immer noch, oder wieder, mit den Babyloniern heute die neue Woche zusammen beginnen würden. Was aber auch nicht wirklich verwundert, denn man kann die Grundstimmungen der Wochentage, wie ich selber ja festgestellt habe, jederzeit nachspüren und so einzelne Tage immer wieder identifizieren.

DIE GESCHICHTE UNSERES WOCHENAUFBAUS

Wenn wir an die Ursprünge unserer Woche denken, dann fällt vielen als erstes die Schöpfungsgeschichte in der Bibel ein. Vom ersten Tag des „Es werde Licht!“ bis zum siebten Tag, dem Ruhetag. Da drängt sich gleich das Bild der Woche vom Tag der Sonne, Sonntag, bis zum Samstag, dem Sabbat, dem Ruhetag der Juden, auf.
Ganz falsch ist die Spur nicht, denn wenn wir uns auf die Suche nach dem Beginn unserer Woche und ihrer Einteilung machen, müssen wir tatsächlich in den Orient und in der Zeit weit zurückgehen… allerdings noch vor die Zeit der Entstehung unserer Bibel.

Die Ursprünge unserer Woche

Die erste schriftliche Erwähnung der Sieben-Tage-Woche stammt aus dem Jahre 2350 vor Christi Geburt, als nach der Bezwingung der sumerischen Städte um Ur im heutigen Irak dort der Semit Sargon I. die Sieben-Tage-Woche einführte; allerdings so wie bei den Juden noch heute ohne die verschiedenen Wochentagsbezeichnungen, wie wir sie kennen. Diese sind uns erst von den Babyloniern überliefert, die die Wochentage nach den sieben mit dem bloßen Auge von der Erde aus sichtbaren sich bewegenden Himmelskörpern, den „Wanderern", die sie als göttliche Wesen anschauten, benannten.

Wie die Griechen übernahmen später die Römer diese Einteilung, ersetzten jedoch die babylonischen Götternamen durch die ihrigen, so dass die Sonne (´dies solis), der Mond (´dies lunae) und Mars, Merkur, Jupiter, Venus und Saturn ihren heutigen Platz in der Woche bekamen.

Die Germanen schließlich, die für die Wochentagsbezeichnungen im deutschsprachigen Kulturkreis verantwortlich sind, ersetzten die römischen Götter wiederum durch eigene, die bis auf den heutigen Mittwoch den römischen in ihrer Qualität weitgehend entsprachen: Neben Sonne und Mond als Namensgeber für den Sonntag und Montag waren das „Tiwaz", ein germanischer Kriegsgott, als Namensgeber des Dienstag, der Blitze und Donner schleudernde „Thor" oder „Donar" als Namensgeber des Donnerstag und die Liebesgöttin „Frija" als Patronin des Freitag. Abweichend von dem unscheinbaren kleinen Merkur der Römer wurde „Wotan" als oberster und mächtigster Gott der Germanen, der im englischen „Wednesday" noch enthalten ist, ursprünglicher Namensgeber unseres heutigen Mittwochs. Der Saturn blieb den Germanen erhalten im „Satertag".

Andere Zeiteinteilungen

Diese Einteilung unserer Zeit in den Sieben-Tage-Rhythmus war damals und auch noch in späterer Zeit nicht selbstverständlich. In weiten Teilen der Welt, beispielsweise in Afrika, gab es überhaupt keine Einteilung der Monate in kleinere Zeiteinheiten, oder, wenn der Monat eingeteilt wurde, dann häufig in drei mal zehn Tage wie im asiatischen Raum. Oder es standen wie bei den Römern anfangs ganz praktisch-ökonomische Überlegungen Pate bei der Zeiteinteilung: Eine „Woche" bei den Römern dauerte immer von einem Markttag zum nächsten, und da diese alle neun Tage stattfanden, dauerte die Woche also acht Tage... und das auch noch nicht mal in allen Städten gleichzeitig.
Erst nach und nach setzte sich weltweit die Sieben-Tage-Woche durch, einen großen Schub bekommend durch die Erhebung des Christentums zur römischen Staatsreligion unter Kaiser Konstantin im Jahre 321 n. Chr.
Zu dieser Zeit wurde auch ein offizieller Ruhetag eingeführt, nachdem die Römer bis dato einen „Faulenzertag", wie sie den Sabbat der Juden bezeichneten, nicht kannten. Allerdings wurde das aus politischen Gründen nicht der Samstag, der Sabbat, den die Christen ursprünglich als Ruhetag von den Juden übernommen hatten, sondern der Sonntag.

Die 7-Tage-Woche trotzt allen Reformversuchen

Bis in die Neuzeit gab und gibt es immer wieder Überlegungen zur Kalenderreform aus ähnlich praktischen Beweggründen wie bei den Römern. Ein Hauptargument gegen die Sieben-Tage-Woche war immer wieder, dass der „Sieben-Tage-Rhythmus" weder im Jahr noch in den Monaten aufgeht und so viele Feiertage jedes Jahr immer auf einen anderen Wochentag fallen.

Das bekannteste Beispiel einer Kalender- und Zeitreform der Neuzeit fand in der Zeit der französischen Revolution statt: Die Franzosen, damals im Sinne des Aufklärers Descartes zu Beginn der industriellen Revolution ganz im mechanistischem Weltbild gefangen, führten neben 30-Tage-Monaten und der Einteilung des Tages in zehn Stunden à 100 Minuten auch die 10-Tage-Woche ein.
Bezeichnenderweise scheiterte das Projekt schließlich nach einigen Jahren, weil es schlichtweg zu kompliziert war, die Uhrzeit und das Datum des starren mechanischen Zeitmodells mit den natürlichen Zeitgebern Erdrotation, Erdumkreisung um die Sonne und Mondumkreisung um die Erde immer wieder neu in Einklang zu bringen.

Kämpfe um die Einführung der 7-Tage-Woche

Teilweise setzte sich die Sieben-Tage-Woche von alleine durch, teilweise ist die Verbreitung aber sicherlich auch auf den Einfluss der europäischen Kolonialmächte zurückzuführen. So ist die 7-Tage-Woche beispielsweise in Korea oder Vietnam erst seit 1912 amtlich… sicherlich nicht ohne Einfluss von außen.

Streit um die Bezeichnung der Wochentage

Im germanisch-althochdeutschen Sprachraum hingegen ging der Streit weniger um die Länge einer Woche, sondern vor allem um die *Bezeichnung* der Wochentage.

Im Zuge der Christianisierung versuchten die Missionare nämlich, die damals üblichen Bezeichnungen der Germanen, die in ihren Augen heidnischen Göttern huldigten, durch andere zu ersetzen. Sie schafften es jedoch nur bei zweien: Beim Tag des obersten Gottes der Germanen, des gefürchteten „Wotan“, und beim „Satertag“, dem die Germanen aber eh keinen eigenen Gott zugeordnet hatten.

Der "Satertag" wurde relativ widerstandslos mit der Zeit vielerorts durch „Samstag“ ersetzt, der sich aus dem jüdisch-christlichen „Sabbat“ herleitete, oder man ließ den Tag namentlich ganz verschwinden, indem der Tag vor dem Sonntag ganz einfach als „Sonnabend“ bezeichnet wurde.

Bei den Auseinandersetzungen um den Mittwoch war es aber wesentlich schwieriger, weil es für die Germanen um mehr ging: Der mit Zauberkräften ausgestattete und als unbesiegbar geltende Wotan repräsentierte inhaltlich einen unbeugsamen Kampfes-, Sieges- und vor allem Rachewillen, der dem christlichen Anliegen nach Frieden und Versöhnung diametral entgegenstand. Den Germanen, die ja dafür bekannt waren, dass ihnen im Kampf ihr eigenes Leben nichts galt und entsprechend gnadenlos auch mit ihren Gegnern verfuhren, galt er als oberster Gott. Die Überwindung des „Wotan-geistes“ war denn wohl auch das Hauptanliegen der Kirche beim Ringen um die Bezeichnung der Wochentage im deutschsprachigen Raum und mit der Zeit wurde Wotan durch den neutralen Begriff der „Mitte“ verdrängt. Bezeichnend diesbezüglich ist, dass wir heute im christlichen Kontext mit dem Mittwoch nur noch den „Aschermittwoch“ in Verbindung bringen, den Tag, an dem ich mich mit dem Aschekreuz auf der Stirn nicht mehr als Rächer, sondern als Büßer und Geläuteter zu erkennen gebe.

Der „blaue“ Montag

Aber nicht nur wegen der Bezeichnungen der Wochentage gab es Auseinandersetzungen, sondern auch die teilweise bestimmten Tagen zugeordneten althergebrachten Riten und Verhaltensweisen waren Anlass zu Streit:

Zu richtigen, fast kriegerischen, Auseinandersetzungen kam es um den Montag. Seit 1330 war der "Blaue Montag" in weiten

Teilen des deutschsprachigen Raumes für Handwerker frei, was so versucht wird zu erklären, dass die Handwerker nach dem großen Sterben in der Pestepidemie im 14. Jahrhundert so rar und damit begehrt geworden waren, dass sie einen weiteren freien Tag neben dem Sonntag durchsetzen konnten. Es wurde ein entsprechendes Gesetz verabschiedet, das mehrere Jahrhunderte in weiten Teilen des deutschen Kulturkreises seine Gültigkeit behielt. Warum wählten die Handwerker aber den Montag als zusätzlichen freien Tag?

Zum einen wohl, weil der freie Montag ein verlängertes Wochenende erlaubte, zum anderen aber galt der Montag eh seit alters her für Handwerker als problematisch: Am Montag, hieß es, solle man keine neue Arbeit beginnen ... und arbeitete traditionell nur mit „halber Kraft". Und auch heute sprechen wir ja noch noch von Montagsprodukten, wenn ein Produkt nicht richtig funktioniert und sich die eingeschlichenen Fehler auch nicht durch noch so viele Reparaturen vollständig beseitigen lassen.

Auf jeden Fall ging die Tradition des „Blauen Montags" in unserem Kulturkreis ihrem Ende zu, als 1783 der Preußenkönig Friedrich der Große, diesen „Unfug, der Armut bringt" per Edikt in seinem Hoheitsgebiet beendete. Ganz im Geist der Römer, die wie die Preußen als kriegerische Nation ja auch schon über den Sabbat der Juden als „Faulenzertag" gespottet hatten.

Allerdings nicht ohne Widerstand: Immer wieder gab es Aufstände und Straßenkämpfe… bis in´s Ende des 19. Jahrhunderts hinein, wo beispielsweise die Arbeiterschaft im riesigen Industriegebiet des heutigen Wuppertal in Straßenkämpfen Tote zu beklagen hatte, weil sie für den freien Montag gegen die Fabrikbesitzer auf die Straße gegangen waren.

Heute ist der Montag wieder für die meisten Menschen ein ganz normaler Arbeitstag. Ob das so richtig ist, oder ob man sich nicht lieber an den Instinkt und das Volksempfinden unserer Vorfahren halten sollte, das wollen wir weiter unten näher betrachten.

Auf jeden Fall ist der jahrhundertelange Kampf um den „Blauen Montag“ ein Beispiel dafür, wie aus einem mechanistischen und produktionszentrierten Weltbild heraus Kämpfe mit der Bevölkerung entstanden sind, die sich instinktiv nach anderen Rhythmen bewegt. Denn ähnlich wie die pflanzlichen Wachstumsprozesse an Jahreszeiten und Mondphasen gebunden sind, ist unser seeli-sches Wachstum offensichtlich in kosmische Zusammenhänge eingebettet, wie sie schon die Babylonier erkannt hatten.

DER WOCHENAUFBAU ALS MODELL DES “RHYTHMUS UNSERER SEELE”

Die 7-Tage-Woche hat sich weltweit durchgesetzt

Betrachtet man den Wochenaufbau und die Wochentagsbezeichnungen heute weltweit, können wir folgendes feststellen:

- Überall auf der Welt hat sich die 7-Tage-Woche durchgesetzt.

- Im westeuropäischen Kulturkreis wurden weitgehend die ursprünglich von den Babyloniern den einzelnen Planeten zugeordneten Götterqualitäten übernommen.

- Der „Sabbat“ oder „Tag des Saturn“ ist oft in der Bezeichnung für den Samstags erhalten geblieben.

- Im Namen für unseren Sonntag finden wir neben dem „Tag der Sonne“ Begriffe wie „Tag der Auferstehung“, „Tag des Herrn“, „Tag des Nicht-Arbeitens“ oder „Tag des Marktes“.

- In vielen Ländern Osteuropas, im Nahen Osten und in China stellen die Wochentagsbezeichnungen einfach eine Durchnummerierung dar, wobei als erster Tag, bis auf bei den Juden und Griechen, der Montag gezählt wird... wobei der Montag selber oftmals keine Nummer bekam, was auf eine besondere Stellung des Montags neben dem Sonntag hinweist.

- Im Fernen Osten wie in Japan oder Korea, aber nicht in China, spiegeln die Wochentagsnamen für Sonntag und Montag die Sonne und den Mond wider, die anderen Wochentage sind den chinesischen Grundelementen Feuer, Wasser, Holz, Eisen/Gold und der Erde zugeordnet.

- Im arabischen Raum spiegeln sich teilweise in den Wochentagsbezeichnungen mit dem „Tag der Versammlung in der Moschee“ als Name des Freitags oder mit dem „Tag des Basars“ als Name des Sonntags die zum Tag gehörenden Tätigkeiten wider.

Die Woche: Das Urbild des Rhythmus unserer Seele

Was können wir nun aus den verschiedenen Namensgebungen unserer Wochentage in Bezug auf den Rhythmus unserer Seele herauslesen? Gibt es so etwas wie gemeinsame Nenner bei den verschiedenen Wochentagsbezeichnungen und damit eine Wocheneinteilung, die die verschiedenen Modelle der einzelnen Völker, von denen jedes natürlich nur eine Annäherung an die „Urwoche“ darstellt, vereinigt? Und was sind eventuell die deutlichsten Widersprüche? Schauen wir uns einmal jeden Wochentag etwas genauer an.

Die Wochentagsbezeichnungen im internationalen Vergleich:

dt.	Montag	Dienstag	Mittwoch	Donnerstag	Freitag	Samstag	Sonntag
engl.	Monday (Tag des Mondes)	Tuesday (Tag des Tiuz)	Wednesday (Tag des Wotan)	Thursday (Tag des Donar)	Friday (Tag der Frija)	Saturday (Tag des Saturn)	Sunday (Tag der Sonne)
nl.	maandag	dinsda	woensdag	donderdag	vrijdag	zaterdag	zondag
lat.	dies lunae *(Tag des Mondes)*	dies martis *(Tag des Mars)*	dies mercuri *(Tag des Merkur)*	dies iovis *(Tag des Jupiter)*	dies veneris *(Tag der Venus)*	dies saturni *(Tag des Saturn oder Sabbata)*	sdies solis *(Tag der Sonne oder Dominica)*
ital.	lunedi	martedi	mercoledi	giovedi	venerdi	sabato	dominica
frz.	lundi	mardi	mercredi	jeudi	vendredi	samedi *(von Sabbat)*	dimanche *(Tag des Herrn)*
spn.	lunes	martes	miércoles	jueves	viernes	sábado	domingo
gr.	deftéra *(zweiter Tag)*	triti *(dritter Tag)*	tetári *(vierter Tag)*	pémpti *(fünfter Tag)*	paraskevi *(Tag der Vorbereitung)*	sáwato *(Sabbat)*	kiriaki *Tag des Herrn)*
ru.	Ponedjelnik (nach dem Sonntag)	Wtornik *(Zweiter)*	Sreda *(Mitte)*	Tschetwerg *(Vierter)*	Pjatniza *(Fünfter)*	Subbota *(Sabbat)*	Woskresenije *(Auferstehung)*
pol.	Poniedzialek *(nach dem Sonntag)*	Wtorek *(Zweiter)*	Sroda *(Mitte)*	Czwartek *(Vierter)*	Piatek *(Fünfter)*	Sobota *(Sabbata)*	Niedziela *(nicht arbeiten)*
heb.	jom scheni *(zweiter Tag)*	jom schlischi *(dritter Tag)*	jom revi´i *(vierter Tag)*	jom chamischi *(fünfter Tag)*	jom schischi *(sechster Tag)*	Schabat *(Ruhe)*	jom rischon *(erster Tag)*
tür.	Pazartesi *(Tag nach dem Basar)*	Sali *(abgel. Arab. Dienstag)*	Carsamba *(vierter Tag)*	Persembe *(fünfter Tag)*	Cuma *(Tag der Moscheeversammlung)*	Cumartesi *(Tag nach der Versammlung)*	Pazar *(Basar)*
ung.	hétfö *(Wochenkopf)*	kedd *(zwei)*	szerda *(slaw. Urspr. Mitte)*	csütörtök *(slaw. Urspr. Viertag)*	pénetek *(slaw. Urspr. Fünftag)*	szombat *(Sabbat)*	vasárnap *(Markttag)*
chn.	xingqiyi *(erster Wochentag)*	xingqiér *(zweiter Wochentag)*	xingqisan *(dritter Wochentag)*	xingqisi *(vierter Wochentag)*	xingqivu *(fünfter Wochentag)*	xingqiliu *(sechster Wochentag)*	xingqiri *(Tag der Sonne)*
jap.	getsuyobi *(Tag des Mondes)*	kayobi *(Tag des Feuers)*	suiyobi *(Tag des Wassers)*	mokuyobi *(Tag des Holzes)*	kinyobi *(Tag des Metalles)*	doyobi *(Tag der Erde)*	nichiyobi *(Tag der Sonne)*
kor.	Woryoil *(Tag des Mondes)*	Hwayoil *(Tag des Feuers)*	Suyoil *(Tag des Wassers)*	Mogyoil *(Tag des Holzes)*	Geumyoil *(Tag des Goldes)*	Toyoil *(Tag der Erde)*	Iryoil *(Tag der Sonne)*

Quelle: wikipädia

MONTAG

Der Mond: Gestirn für Wunschtraum und Seelenverfassung, Instinkt und Gefühl

Als Himmelskörper ist der Mond unserer Erde ganz nah. Viele Menschen sind „mondfühlig“ und die Frauen durch die mon(d)atliche Menstruation auch körperlich an seinen Rhythmus gebunden. Er übt durch seine Gravitationskraft großen Einfluss auf die Erde aus. Gut sichtbar wird das zum Beispiel beim Wasser, aus dem wir Menschen ja auch zu 80% bestehen; Ebbe und Flut der Ozeane mit ihren teils gewaltigen Tidenhuben von bis zu zwölf Metern zeigen die enormen Kräfte, die vom Mond aus auf uns wirken.

Entgegen seines mächtigen Einflusses auf die Erde wirkt der Mond im Gegensatz dazu als Himmelskörper aber völlig schutzlos und passiv: Weder hat er eine eigene Atmosphäre, noch einen eigenen Strahlungsgürtel, und auch sein helles Licht ist nur eine Spiegelung des Sonnenlichtes. Vor diesem Hintergrund steht der Mond in vielen Kulturen sinnbildlich für das sich hingebende und schutzbedürftige Urweibliche, noch unterstrichen durch sein oft sichelförmiges Erscheinen als Symbol der empfangenen Schale.

Bei den Babyloniern galt die Mondgöttin Ischtar dementsprechend als Hüterin der Fruchtbarkeit und Mutterschaft, und lenkte, so wie auch wir in unserem Kulturkreis heute noch mit dem Mond den Instinkt und das Gefühl verbinden, als Herrscherin über die Nacht auch die Unterwelt mit ihren „unbewussten Sümpfen“ unserer Seele… vor allem die Angst und die Sorge.

Wenn er nicht einfach eine Nummer bekommen hat, bezieht sich der Montag von seinem Namen her je nach Kulturkreis entweder auf den Sonntag und wird dann entweder als "Tag nach dem Sonntag", "Tag nach der Nichtarbeit" oder "Tag nach dem Basar" bezeichnet, oder der Mond bleibt sprachlich wie bei uns im Namen erhalten.

DIENSTAG

Mars: Gestirn des kompromisslosen Handelns

So vielschichtig und komplex der Montag, so simpel erscheint uns der Dienstag. Beim Dienstag ist es eindeutig:

Mars, der rote Planet, von der Erde aus betrachtet mit seinen extremen Entfernungsschwankungen und seinen komplizierten Bewegungen an einen gefährlichen Angreifer erinnernd, gilt seit jeher als Kriegsgott und korreliert direkt mit dem Element Feuer, dass die Japaner und Koreaner unserem Dienstag zuordnen und das in ihrer Fünf-Elemente-Lehre mit Aktion und Gestaltung in Verbindung gebracht wird. Der Dienstag ist also nicht der Tag vieler Worte oder des in sich Hineinhorchens oder gar Ängstlich-Seins, sondern ein Tag des kompromisslosen Handelns und des „Sprungs in die Löwengrube". Er erfordert Mut, Geschicklichkeit und Energie.

Erholung und gute mentale Vorbereitung am Montag sind da sicherlich von Vorteil.

MITTWOCH

Merkur: Gestirn für Ausgleich und Vermittlung

Der ursprüngliche Namensgeber unseres Mittwochs, der Merkur, ist ein kleiner, nur schwer zu erspähender Planet mit einer äußerst verwickelten und unsteten Bahn zwischen Erde und Sonne, der mal hier und mal da auftaucht. Jemand, der auf der Oberfläche des Merkur stehen würde, könnte seltsame Dinge beobachten: Die Sonne steigt zum Beispiel zum Zenit, stoppt, kehrt um, stoppt erneut, und geht dann erst unter. Dazu herrschen auf dem Merkur extreme Temperaturschwankungen.

Er wirkt auf uns ständig geschäftig und wendig, aber zu klein und unstet, um als Krieger durchzugehen und entspricht so in seiner Beweglichkeit nicht umsonst dem griechischen Gott Hermes, dem Götterboten und Vermittler.

Die Japaner und Koreaner haben unserem Mittwoch das Element „Wasser" zugeordnet, im Sinne von „Lageerfassung und Ruhe", was auf den ersten Blick erst mal nichts mit dem hektisch wirkenden Merkur gemein hat, bis auf die Tatsache, dass keine Aggression mehr im Spiel ist. Insofern haben die christlichen Missionare, indem sie den Germanen den „Wotan" durch das Wort „Mitte" ersetzten, im Grunde den Mittwoch wieder mehr in Richtung seiner ursprünglichen Bedeutung gerückt: Der Mittwoch als ein Tag des Ausgleichs und der Vermittlung; ob in Ruhe oder in hektischer Betriebsamkeit sei an dieser Stelle jetzt erst einmal dahingestellt.

DONNERSTAG

Jupiter: Planet des Vertrauens, des Glaubens und der Hoffnung

Der riesige Planet Jupiter als ursprünglicher Namensgeber unseres Donnerstags überstrahlt in seiner Helligkeit alle anderen Sterne der Umgebung. Das in Verbindung mit seiner von der Erde aus langsam wirkenden Geschwindigkeit lässt ihn souverän und abgeklärt erscheinen. Nicht umsonst haben die Römer ihn nach ihrem obersten Gott benannt. Jupiter ist mit Abstand der gewaltigste Planet in unserem Sonnensystem und wird in seiner Größe nur von der Sonne übertroffen. Er repräsentiert für die Römer die größte Weisheit, und folglich begegnen sie ihm mit äußerster Demut im Sinne des Loslassens aller persönlichen Wünsche.

Ein bisschen übriggeblieben ist der Respekt vor Jupiter auch heute noch bei uns bei den Seefahrern. Unser Donnerstag ist der „Sonntag" der auf unseren Container- und anderen Schiffen um die Welt fahrenden Beschäftigten, der mit einem entsprechend opulenten Mahl allwöchentlich zelebriert wird.

Die Japaner und Koreaner ordnen dem Donnerstag das Element Holz zu, mit dem sie die Entwicklung eines Handlungsimpulses, Aufbruch und Expansion verbinden.

Fasst man die erwähnten verschiedenen Qualitäten zusammen, dann ergibt sich für das Bild des Donnerstags in etwa ein Tag, der gekennzeichnet ist vom Loslassen eigener Vorstellungen und Wünsche in dem Vertrauen darauf, dass sich unter weiser göttlicher Führung alles zum Rechten und Guten fügt. Am Ende des Donnerstags steht der sich im Einklang mit dem Göttlichen fühlende, aufrechte, sich in Aufbruch und Expansion befindliche Mensch.

FREITAG

Venus: Planet des Liebesverlangens und Formsinns, der Anziehungskraft und weiblichen Sexualität

Freia (sanskrit Frija=Gattin, Geliebte) als Meisterin der Verführungskünste machte keine Unterschiede und gab sich jedem hin: Sie hatte in der germanischen Mythologie ein Liebesverhältnis mit allen vier Elementen und war als oberste Himmelsgöttin erst die Gattin von Tiwaz, dem Namensgeber unseres Dienstags, und später dann Gattin von Wotan, dem ursprünglichen Namensgeber unseres Mittwochs. In ihr vereinen sich also die verschiedensten Aspekte, die bei ihr friedlich zueinander finden.

Sie wurde von den Germanen als Synonym für die römische Göttin Venus verwendet, so dass der Freitag, abgeleitet von ihr, auf den am hellsten strahlenden Planeten in unserem Sonnensystem hinweist. Die Venus, die früher im Orient und im Mittelmeerraum auch tagsüber sichtbar war, unterliegt starken Schwankungen in ihrer Helligkeit und wechselt, „launisch" anmutend, auch immer wieder ihre Position zur Sonne. Für die Römer symbolisierte sie das unberechenbare und nicht zu fassende Weib, das man nicht verstehen, sondern nur lieben kann.

Die Japaner und Koreaner ordnen unserem Freitag das Element Metall zu, das für Reife, Kondensation, Sich-Setzen und Zusammenziehen steht. Auch hier erscheint wie beim Mittwoch eine Verbindung der dem Freitag zugeordneten Qualitäten auf den ersten Blick schwierig, denn Reife hat ja eher etwas mit zur Ruhe gekommen sein zu tun, als mit Launenhaftigkeit.

Das Verhalten der Freia wird aber nur als „launenhaft" empfunden, solange man sich ihren Entscheidungen innerlich widersetzt und solange die verschiedenen Elemente und Seelenaspekte als konkurrierend angesehen werden. Bin ich aber innerlich frei, sperre ich mich nicht mehr gegen die allumfassende Liebe der Freia und komme so in die Freiheit im ursprünglichen Sinne des Wortes (und nicht in die dienstägliche, männliche Definition von „Freiheit", die eigentlich die Macht bedeutet, das zu tun, was ich will). Die wirkliche Freiheit, eben abgeleitet von Freia, ist das innere Freisein von „etwas-ändern-wollen" durch die *innere* Überwindung von Widerständen und seelischen Blockaden.

Annehmen, was ist, und zum Herzen führen, auch wenn es unseren Erwartungen und Wünschen nicht entspricht: Das ist der Inhalt unseres „Freitags". Spannend in diesem Zusammenhang deswegen auch der verwandte Wortstamm von Liebe, Freiheit und Frieden, betrachtet man die Begriffe in den Sprachen deutsch, französisch und englisch: Liebe → liberté → Freiheit → freedom → Frieden.

Auch ist der Freitag neben Sonntag und Montag ein weiterer Tag, der bei den Durchnummerierungen manchmal ausgenommen ist, zum einen weil er bei den Arabern als Tag der mittäglichen Versammlung in der Moschee als höchster Tag der Woche gilt oder weil er wie bei den Griechen als Tag der Vorbereitung auf den Sabbat angesehen wird. Der Freitag galt den Urchristen auch immer als der den Sabbat vorbereitende fleischlose Fastentag, was sich heute noch im traditionellen freitäglichen Fischessen erhalten hat.

Der höchste Feiertag der Christen ist auch ein Freitag: Der "Karfreitag" als Tag der Kreuzigung Jesu Christi gilt als der Tag, an dem Jesus seine Mission auf Erden endgültig abschließt und an dem er „angekommen" ist. „Es ist vollbracht!" waren seine letzten überlieferten Worte am Kreuz am Freitagnachmittag.

SAMSTAG

Saturn: „Der Hüter der Schwelle"

Womit wir beim Samstag angelangt sind, der unter dem Planeten Saturn steht. Betrachtet man den Saturn von der Erde aus, so wirkt er sehr bleiern, sowohl vom Licht, als auch von seiner Geschwindigkeit her. Er braucht fast dreißig Jahre, um die Sonne einmal zu umrunden.

Diese Eigenarten und seine auffälligen großen scheibenförmigen, an eine Sense erinnernden, Ringe, die ihn umgeben, haben ihn in unseren Überlieferungen mit Unglück und Tod in Verbindung gebracht und so wird Saturn auch in alten Darstellungen oft als der todbringende Sensenmann dargestellt. Der träge und bleiern erscheinende Planet Saturn führt uns unerbittlich unsere Endlichkeit und unser Eingebettetsein in größere Zusammenhänge vor Augen.

Saturn, der sich sprachlich noch im englischen „saturday" wiederfindet, wird auch mit dem „Hüter der Schwelle", in Verbindung gebracht, der uns in Form der Angst immer wieder unsere unerlösten, nicht gelebten Seiten aufzeigt. Denn er ist der letzte mit dem bloßen Auge erkennbare Planet unseres Sonnensystems. Dahinter ist Schatten. Das Unerlöste, Angstmachende, rückt am Samstag also potentiell in unseren Fokus und stellt sich uns in den Weg.

„Das Samenkorn muss sterben, soll es Frucht bringen", heißt es in der Bibel und so ist auch der Samstag zu verstehen: Am Samstag wird alles Erreichte noch mal losgelassen und somit potentiell in Frage gestellt. Der Saturn entspricht entsprechend in der griechischen Kultur dem Gott „Chronos", der in der Mythologie seinen eigenen Vater entmannte und seine Kinder verschlang, und so für das Verschlingen der Materie allgemein steht, um zu der reinen Idee, repräsentiert durch den Gott Helios, unserer „Sonne", zu gelangen. Die reine Idee von einem selbst, als Keimzelle der alle Aspekte des eigenen Lebens integrierenden und verbindenden, individuellen Struktur.
Das sind wichtige innere Prozesse, die Raum und Zeit benötigen... und vor allem: Demut. Erkennt man jetzt noch unerlöste Aspekte der Seele, ist Samstag noch Zeit, Lösungen zu finden, um anschließend endgültig in die „Herzensruhe", den Sabbat, die Bezeichnung der Juden für unseren Samstag und der erste überlieferte Name für einen Wochentag

überhaupt, zu gelangen. Die Herzensruhe ist denn wohl auch das Ziel des Samstags und insofern macht es Sinn, an diesem Tage gemäß der Überlieferung keiner äußeren Beschäftigung nachzugehen; entweder um Zeit zu haben, den Ursachen einer eventuellen Unruhe noch auf den Grund zu kommen, oder, um sich nach einer erfüllten Woche auszuruhen.

Die Japaner und Koreaner ordnen dem Samstag das Element „Erde" im Sinne von „wandelnd, umwandelnd, verändernd und fruchtbringend" zu, was dieses Bild unterstützen würde. Denn der am Freitag in die Erde gelegte Samen stirbt und verwandelt sich samstags in der Erde gemäß seiner Bestimmung zu einer neuen Pflanze.

Vielleicht ist gerade die Herabwertung des Samstags durch das sprachliche Auslöschen, bei den Türken als „Tag nach der Moscheeversammlung" oder bei uns Christen oft durch die Bezeichnung als „Sonnabend" vor dem Sonntag, tatsächlich ein Indiz dafür, dass der Sonntag als Ruhetag der Christen sowie der Freitag als (potentieller) Ruhetag der Moslems künstlich gesetzt wurden und man den eigentlichen Ruhetag „verschwinden" lassen wollte. So gesehen wäre es ja ganz bezeichnend, dass in der christlichen Welt das Wochenende sich heute vom Sonntag und in der muslimischen Welt vom Freitag her jeweils auf den Samstag wieder ausgedehnt hat, so dass die zusätzlichen Ruhetage beider Kulturkreise sich im ursprünglichen Tag „an dem Gott ruhte", dem siebten Tag der Genesis, wieder treffen.

SONNTAG

Die Sonne: Urquell allen Lebens

Die Sonne als zentraler Stern unseres Sonnensystems besitzt die millionenfache Masse unserer Erde und strahlt als einziger

der mit unserer Wocheneinteilung in Beziehung stehenden Himmelskörper von sich alleine aus.
Sie ist autark. Sie ist im Zentrum. Alle anderen Gestirne kreisen um sie. Durch ihr Licht und ihre Wärme gilt sie als lebensspendendes Urprinzip auf der Erde. Sie steht für Vitalität, Energie und Kraft. Und ihr Licht speist alle gleich: Sie macht keinen Unterschied und steht deswegen für die Aufhebung aller Gegensätze.

Zwar ist oft die Sonne der Namensgeber des Sonntags, aber nicht selten steht in christlich geprägten Ländern die Kirche auch Pate, wie beim „Tag des Herrn“ (im französischen „dimanche“) oder wie beim „Tag der Auferstehung“ im russischen „woskresenje“.
Diese besondere Stellung des Sonntags zeigt sich auch in den Wochentagsbezeichnungen darin, dass der Sonntag, bis auf bei den Juden, bei keinen Völkern eine Zahl erhalten hat. Der Tag der Sonne hat also auf jeden Fall eine zentrale Stellung, auch wenn der Inhalt nicht ganz eindeutig ist, was sich aber mit der Erkenntnis von oben deckt, dass die Sonne über allem scheint.

Der Sonntag ist in seiner Qualität in unserem Kulturkreis auch deswegen nicht ganz eindeutig, weil seine Ernennung als Feiertag ein rein politischer Akt des römischen Kaisers Konstantin war, als er im Zuge der Erhebung des Christentums zur Staatsreligion eine Lösung suchte, die die vielen Sonnenanbeter im Reich nicht zu sehr verprellte. Der Sabbat als ursprünglich höchster Tag der Christen wurde deswegen gegen den Sonntag als Kompromiss getauscht. Also ist der Sonntag heute ein zentraler Tag für die Christen, für andere aber wie die arabischen Völker hat er nicht diese zentrale Bedeutung. Und auch schon für die alten Römer hatte ihr Sonnengott Sol nicht die herausragende Stellung wie beispielsweise Jupiter.

Sonntag ein Ruhetag?

Die Frage, ob der Sonntag nun eigentlich ein Ruhetag ist, als der er bei uns angesehen wird, oder nicht, muss wohl eher mit „nein“ beantwortet werden. Zwar ist im katholischen Polen das Wort für Sonntag „niedzela“ sprachlich aus „nicht arbeiten“ hergeleitet, im türkischen Wort für unseren Sonntag (auf Deutsch „Markttag“) ist aber der Basar enthalten. Da wir aber ja wissen, dass der Sonntag als Ruhetag im vierten Jh. nach Chr. aus politischen Gründen festgelegt wurde, muss diese Regelung als künstlich bezeichnet und eine Aufforderung wie „nicht arbeiten“ nur als kirchliches Diktat und nicht als eine sich aus dem Rhythmus der Seele abgeleitete natürliche Erkenntnis angesehen werden.

Und warum sollten wir auch im Zentrum unseres Seins ruhen und nicht das Leben mit der „Sonne im Herzen“ in vollen Zügen genießen?

Besser lässt sich also der Sonntag als Tag der lichtspendenden Sonne als Freuden- und Festtag bezeichnen, was auch dem Sonntag als Markttag nicht entgegenspricht, weil der Markt als wirtschaftlicher Höhepunkt der Woche durchaus Festcharakter hatte mit alle seinen Begegnungen und abendlichen Gelagen. Nicht nur im Orient, sondern auch bei uns können wir feststellen, dass die überregionalen Märkte, beispielsweise die großen Pferdemärkte, traditionell immer sonntags stattfanden. Sonntag war der Tag, an dem die Menschen aus ihren gewohnten Kontexten herauskamen und im „Größeren“ aufgingen. Das Leben wurde nach der überstandenen Todesgefahr des Samstag gefeiert und ging am „Tag der Auferstehung“ weiter!

Sonne und Mond als Geschwister

Sonne und Mond sind von der Erde aus betrachtet gleich groß. Die Sonne beherrscht den Tag, der Mond die Nacht.

Die Tatsache, dass Sonne und Mond von der Erde aus betrachtet fast exakt gleich groß sind, was sich ja sehr gut bei einer Sonnenfinsternis, wo sich der Mond vollständig vor die Sonne schiebt, sehen lässt, hat wohl mit zu dem bei uns weit verbreiteten Bild geführt, dass Sonne und Mond wie Bruder und Schwester oder auch Mann und Frau zusammengehören. Insofern hat der Mond eine ähnlich privilegierte Stellung wie die Sonne. Nur halt, dass man mit der Sonne den Tag und den Verstand assoziiert, während man mit dem Mond die Nacht und alles Unbewusste verbindet.
Diese enge Verbundenheit von Mond und Sonne zeigt sich auch schön bei den Japanern und Koreanern, wo der Mond neben der Sonne seit je her eine herausragende Stellung innehat, weil sie den Mond als Nacht- und die Sonne als Tagesgestirn als die zwei zentralen Grundkräfte unseres Lebens ansehen, die zusammen gehören und um die die fünf chinesischen Elemente herum angeordnet sind. Sonne und Mond bilden in ihrem Verständnis zusammen das Zentrum alles Lebens! Insofern macht es Sinn, dass auch unser Montag nicht bei allen Völkern einfach eine Nummer verpasst bekam; zu ebenbürtig schien er dem Sonntag.

FAZIT

Fasst man nun zusammen, was sich aus den internationalen Bezeichnungen für die einzelnen Wochentage insgesamt herauslesen lässt, ergibt sich so in etwa folgendes Bild:

> Montags bleibe ich passiv und damit empfänglich für das Vergessene, tauche seelisch ab in das Dunkle und noch Unerlöste.

> Dienstags überwinde ich meine Angst, breche feurig durch etwaige Widerstände hindurch, kämpfe und beginne mutig und kompromisslos Neues.

> Mittwochs, jetzt im Gegensatz zum Dienstag nicht mehr Krieger, verschaffe ich mir einen Überblick über die Lage, und versuche nun weiter, jetzt mit friedlichen Mitteln, einen Vorteil für mich zu fixieren.

> Donnerstags lasse ich los und öffne mich für noch heilende Impulse und Anregungen von außen.

> Freitags komme ich bei mir und im Kreis der Gemeinschaft an.

> Samstags bin ich dann in meiner Herzensruhe, oder, wenn ich am Freitag nicht in mir angekommen bin, werde ich mit noch Ungelöstem in mir konfrontiert, das es jetzt noch aufzulösen gilt.

> Sonntags, in meiner Mitte angekommen, feiere ich mein Leben und zeige mich und meine Erzeugnisse.

Das ist natürlich nur ein erster, ganz grober, Überblick und stellt eine erste Annäherung an die Phasen unseres Seelenrhythmus dar, den wir im weiteren Verlaufe dieses Buches vertiefen wollen.

DER RHYTHMUS UNSERER SEELE IN WEITEREN ZEITLICHEN DIMENSIONEN

Bei meiner langjährigen Beschäftigung mit dem Rhythmus unserer Seele war ich immer auf der Suche nach passenden Bildern, Texten und Musik, um den Tag bewusster und intensiver in der ihm eigenen Seelenstimmung zu erleben. Ich stellte fest, dass eine bestimmte Musik mich „anheizte" für den „Sprung in die Löwengrube" am Dienstag oder das schöne Bild eines Heißluftballons mich in eine Stimmung des Loslassens am Donnerstag brachte.

Mit der Zeit machte ich eine erstaunliche Entdeckung: Sehr halfen mir Bilder, aber auch Texte, vor allem Gedichte, die bestimmte Jahreszeiten und die in diesen Jahreszeiten auftauchenden Gefühle darstellten oder beschrieben. So vermittelte mir beispielsweise ein Bild von einem heißen Junitag, das einen schattigen Platz unter einem Laubbaum zeigte, das Gefühl von samstäglicher Ruhe, ja der Unmöglichkeit, sich wegen der Hitze viel zu bewegen. Oder eine saftige Sommerwiese in frischem Grün mit einer Unzahl von bunten Blumen vermittelte mir das Gefühl des freitäglichen „Gut-sein-Lassens" und des „In-der-Fülle-angekommen-Seins".

Viel Zeit verbrachte ich mit dem Sammeln von solchen Bildern und Texten und es zeigte sich mir dabei immer deutlicher, dass der Weg unserer Seele durch die Woche große Ähnlichkeiten mit dem Verlauf unserer seelischen

Befindlichkeit im Laufe eines Jahres hat... bis hin schließlich zu der Erkenntnis, dass sich der Rhythmus unserer Seele auch im Jahreslauf der Natur spiegelt; also dass sich unsere Stimmungslage in den Jahresabschnitten gut für die Beschreibung der Seelenstimmungen in den einzelnen Tagen der Woche nutzen lässt.

Und nicht nur das: Mit der Zeit erkannte ich, dass sich auch aus der Betrachtung des Verlaufes unserer Seelenstimmung innerhalb anderer Zeitebenen wie den Jahrsiebten oder dem einzelnen Tag entsprechende Rückschlüsse ziehen ließen.

In diesem Buch wollen wir uns zwar vor allem mit der Woche beschäftigen. Es ist aber sinnvoll, vorab zu schauen, wie der Rhythmus unserer Seele sich auch in anderen Zeitdimensionen zeigt, weil wir so ein vielfältigeres Bild der einzelnen Seelenqualitäten bekommen... das uns dann beim Eintauchen in die einzelnen Tagesqualitäten der Woche behilflich sein wird.

DER RHYTHMUS UNSERER SEELE IM JAHRESLAUF

Mittwochs liegt Schnee!

Überträgt man den Wochenrhythmus auf das Jahr mit seinen zweiundfünfzig Wochen, unterteilt das Jahr also in sieben gleiche Teile, dann ergeben sich sieben Jahresabschnitte à sieben Wochen und drei Wochen, die „übrig" bleiben. Im Anschluss an dieses Kapitel habe ich zum besseren Verständnis einen Chart mit den genauen Zeiträumen eingefügt. Dort gehe ich auch näher auf den Verbleib der drei „überschüssigen" Wochen ein.

Am Anfang stellte sich mir natürlich die Frage, welcher Jahresabschnitt welchem Wochentag zugeordnet werden kann. Wie auch schon bei der Beschäftigung mit den Wochentagen habe ich mich im Laufe mehrerer Jahre durch Herantasten und Ausprobieren der letztlich gefundenen Lösung genähert; basierend auf einigen Grundüberlegungen, von denen ich hier die offensichtlichsten aufführen möchte:

- Es gibt geschichtlich eine Häufung von Kriegserklärungen im jeweiligen Herbst eines Jahres, was eine Verwandtschaft des Herbstes zum Dienstag nahelegt.
- Der April gilt als der Monat der Gewitter und weist so auf den Donnerstag hin.
- Der Mai gilt als der Monat der Liebe und weist damit auf den Freitag hin.
- Sowohl im Sonntag wie im Sommer lässt sich die Sonne sprachlich wiederfinden.

Damit hatte ich einen ungefähren Rahmen; die genaue Lage der Jahresabschnitte erkannte ich schließlich durch intensives Hineinspüren und als ich mir die in unserem Kulturkreis früher und teilweise auch heute noch größer gefeierten Feste näher anschaute. Dabei stellte ich nämlich fest, dass auch sie das Jahr in sieben gleich große Abschnitte einteilen ... wobei bei der Festlegung unserer Kirchenfeste wie Ostern oder Karneval astronomische Ereignisse wie Sonnenwende und Vollmond eine Rolle spielen und diese daher vom Datum her nur um die sich aus der Siebenereinteilung ergebenden Zeitpunkte „schwingen". Dasselbe gilt auch für das vom Erntezeitpunkt des jeweils in einer Region angebauten Produktes abhängige Erntedankfest. Andere Feste aber wie Halloween, Weihnachten, Johanni oder das traditionelle Schnitterfest als ursprünglicher Beginn der Jahrmärkte am ersten August haben feststehende Termine.

Zusammenfassend komme ich so auf folgende Ein- und Zuteilung der Jahresabschnitte:

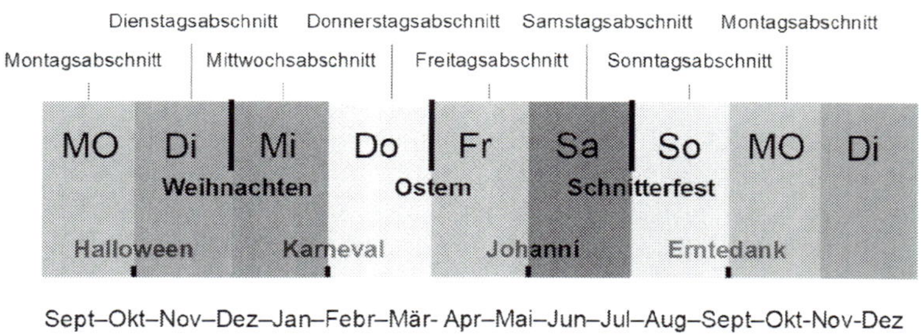

Schauen wir uns nun die einzelnen Jahresabschnitte und unsere jeweilige Seelenstimmung in ihnen in einer etwas mehr stimmungsgeschwängerten Sprache genauer an:

MONTAGSABSCHNITT DES JAHRES: DIE "RUHE VOR DEM STURM"

Sieben Wochen von Mitte September bis Anfang November (von „Erntedank" bis „Halloween", ehemals das keltische „Samhain")

„Sweet September", süßer September: Es ist nicht mehr so heiß, aber alles ist vom Sommer durchdrungen. Die Saison geht zu Ende. Viele kehren vom Urlaub nach Hause, in die Städte zurück. Die Sommererlebnisse klingen noch nach. Langsam orientieren wir uns wieder in unserem gewohnten Leben, treffen Freunde und Bekannte, und richten nach und nach unseren Blick wieder nach vorn.

Gegen Ende des Montagsabschnittes des Jahres, Mitte Oktober, wird es noch einmal ganz still. Die Ernte ist endgültig eingebracht, die Vorräte sind angelegt, und wir kommen noch einmal zur Ruhe. Kein Hauch bewegt das tote Laub. Auch die Singvögel, die sonst bei so schönem Wetter wild zwitschern, schweigen. Eine fast unheimliche Stille. Verwundert reiben wir uns die Augen.

Die „Blaue Stunde"

Wir spüren die Tiefe dieser Zeit. Ab und zu kräht eine Krähe. Das Leben hat sich merklich verlangsamt. Die meisten sitzen, alles ist gedämpft, viele Menschen schweigen und spüren ihren Gefühlen nach, die sie überwältigen, ringen vielleicht um Worte, diese zu beschreiben oder lassen es bleiben, schweigend, sinnend, wie die alten Weiber auf der Bank. Träume ich oder wache ich? Verheißungsvolle Erwartung liegt in der Luft, die Spannung hinter der Stille. Es ist, als ob ein Bogen gespannt würde. Wir wissen um den Trug der aufkommenden Frühlingsgefühle.

Der Bogen spannt sich…

Mit den im Herbst aufkommenden Winden spüren wir, dass unter der Oberfläche noch etwas auf Erlösung wartet. Wir spüren: Noch haben wir nicht alles erledigt.

Vor der Kulisse der großartigen Natur des „Goldenen Oktobers“ trauen auch wir uns alles zu. Jetzt naht die Zeit, sich der größten Angst zu stellen, dem Drachen entgegenzutreten. Nicht zufällig sind September und Oktober die Zeit der Kriegserklärungen. Kein Berg ist zu hoch, kein Ziel scheint uns für die Zukunft zu groß. Nie ist die Natur großartiger und spüren auch wir uns gewaltiger, majestätischer.

Ich denke, das ist leicht zu erkennen; diese Gefühle entsprechen dem, was wir weiter oben im Zusammenhang mit der Qualität des Mondes und Montags herausgearbeitet haben: Das Ahnen von etwas Dunklem, Noch-Nicht-Bewältigtem, etwas Unerlösten in uns. Und mehr noch: Dieser Jahresabschnitt zeigt uns sehr deutlich die von einer sehr hohen Entschlossenheit geprägten Qualität des Montagsnachmittags, die wir brauchen, um bereit zu sein für den Sprung in den kriegerischen Dienstag!

DIENSTAGSABSCHNITT DES JAHRES: JETZT GILT´S!

Sieben Wochen von Anfang November bis Anfang Januar, unterbrochen durch drei Wochen Ruhe um Weihnachten oder der Wintersonnenwende („Halloween“ bis „Heilige Drei Könige“)

Im November herrscht Spätherbst, die Luft ist klar und kühl; bei den Kelten lag auf dem 1. November schon der Winteranfang. Die Pflanzen haben sich ganz in sich zurückgezogen, allen Ballast, die Blätter, abgeworfen. Die Herbstwinde brechen die morschen Äste. Der Wald wirkt konzentriert und klar. Es ist die Zeit der Reduktion. Der Samen wird ausgeworfen, der als Impuls die zentralen Informationen weitertragen soll. Nun gilt es!

Im November, in dem auch das Wort „nova" für „neu" steckt, ließen sich gut Schlachten schlagen. Die Ernte ist eingefahren, so dass die Männer in der Landwirtschaft nicht mehr gebraucht werden, und auch die Bäume und Büsche haben ihr Laub verloren, so dass die Wahrscheinlichkeit von Hinterhalten sinkt. Wer jetzt noch etwas zu erledigen hat, versucht es schnell hinter sich zu bringen: Es in der Regel so kalt und ungemütlich, dass sich der Mensch, ist er im Freien, bewegen muss.

Die Dienstagsphase von Anfang November bis Anfang Januar, unterbrochen durch drei Wochen der Stille und des Stillstands um Weihnachten, ist eine Phase der Bewegung und der abrupten, von einem selbst initiierten Veränderung der äußeren Umstände.

Die Kämpfe dauerten in der Regel solange, bis der erste Schnee Kampfhandlungen erschwerte und nach den Schlachten, rechtzeitig zu Weihnachten, die angerichteten Verwüstungen gnädig mit Schnee bedeckte.

Aber der heilige Sylvester am 1. Januar ist noch mal ein strenger Heiliger, dem ich nur meine wahren und geläuterten Wünsche anvertrauen kann. Und in den Heiligen Zwölf Nächten zwischen Weihnachten und Heilige Drei Könige bekomme ich eine Vision vom Kommenden, das es dann ab Januar auf die Erde zu bringen gilt.

Auch hier, denke ich, ist die Verwandtschaft zum Mars und Dienstag unübersehbar: Es ist eine Kriegszeit ohne Kompromisse, die viel Mut und Entschlossenheit verlangt. Und wir haben auch das Ziel des Dienstags hier etwas besser zu sehen bekommen: Die Formulierung eines Ideals ohne Illusionen. Es geht darum, mich und meine Position,, meinen Rang und meine Möglichkeiten realistisch zu erkennen!

MITTWOCHSABSCHNITT DES JAHRES: PFLÖCKE EINSCHLAGEN!

Sieben Wochen von Anfang Januar bis Ende Februar („Heilige Drei Könige" bis „Karneval")

Am Mittwoch liegt Schnee!
Die Mittwochszeit erstreckt sich im Jahreslauf von der Woche nach Heilige Drei Könige bis in die Zeit um Karneval. Jetzt, da die Tage nach der Wintersonnenwende wieder länger werden und das Leben nach geschlagenen Schlachten und der dunklen Winterzeit für uns offensichtlich weitergeht, kommt es darauf an, unsere im Dienstagsabschnitt erkannten Ideale und gegenüber dem strengen Heiligen Sylvester noch mal bekräftigten Vorsätze Schritt für Schritt in die frostige Welt zu bringen.
Es ist eine Zeit hoher Konzentration: Der Schnee bedeckt die Landschaft und jede Bewegung sollte gut überlegt sein. Die unwirtliche Umgebung lässt einem keine Kraft für die weitere Aufrechterhaltung von den sich im Dienstagsabschnitt als falsch erwiesenen Tabus oder Idealen. Für kämpferische Handlungen ist der Schnee und das Eis als Untergrund nicht mehr geeignet. Die Rosse bleiben im Stall.

Zusätzlich macht sich im späteren Verlauf des Mittwochsabschnitts die Frühjahrsmüdigkeit breit: Die Seele sehnt sich nach der überstandenen Gefahr der dunklen Tage und dem zähen Ringen in der materiellen Welt nach Ruhe. Die Frühjahrsmüdigkeit schützt meine Gesundheit dadurch, dass wir uns nicht im Eifer des Gefechts verrennen und später im Sommer wegen ausgebissener Zähne „auf dem Zahnfleisch gehen“. Wir streben jetzt nach heiterer Kost, der Körper sehnt sich nach Entspannung und freier Bewegung.

Ich denke, es ist unschwer zu erkennen, dass alles hier Aufgeführte dem entspricht, was wir oben über den Merkur gesagt haben und unterstreicht somit den friedlichen und auf Ausgleich bedachten Charakter des Mittwochs. Der Mittwoch zeichnet sich zunehmend als ein Tag ab, an dem wir friedlich und konsequent unsere Ziele vorantreiben. Große Richtungsänderungen sind jetzt nicht mehr möglich; wir würden sonst auf Schnee und Eis ausrutschen. Und auch der Mittwochnachmittag wird gut beschrieben mit seiner Sehnsucht nach Ruhe und Entspannung nach der hohen Konzentration und Anspannung von Oktober bis Februar.

DONNERSTAGSABSCHNITT DES JAHRES: GANZ ANDERS!

Sieben Wochen von Ende Februar bis Mitte April (Karneval bis Ostern)

„Der Frühling lässt sein blaues Band wieder flattern durch die Lüfte.“ Diese Textzeile aus einem Gedicht von Eduard Mörike deutet es an: Die Zeit der Anstrengung ist im Frühling, der Zeit der Schneeschmelze, vorbei. Zwar gingen in früheren Zeiten bei uns spätestens jetzt die Vorräte zu Ende und der Hunger machte sich bemerkbar. Jedoch: Die Vögel zwitschern, die Flüsse schwellen an... und wen treibt es da nicht vertrauensvoll und frohen Mutes raus unter den blauen Himmel und zu den ersten zarten Blüten? Als scheint die Natur uns zu sagen: Lass deine Sorgen und das große Streben beiseite und wende Dich in der Zeit zwischen Karneval und Ostern, in der traditionellen Fastenzeit der

Christen, den kleineren Dingen und der Heiterkeit des Lebens zu, nach dem Motto:" Lebe und tanze!"

Wir wissen, Donnerstag ist ursprünglich der höchste Tag der Germanen, der Tag des Donar, der in etwa bei den Griechen dem Blitze schleudernden Herrscher des Olymps, Zeus, entspricht. Wenn früher Donar bei Gewittern sprach, was er oft tat im April, dann schwieg der Mensch. Er packte demütigst seine Koffer, legte sich angezogen ins Bett und harrte der Dinge. Und wehe, es schlug der Blitz im Hof ein. Dann hieß es, wendig und flink zu sein, wenn im Leben alles auf den Kopf gestellt wird.

Weiter oben haben wir bereits zum Donnerstag geschrieben: „Er ist ein Tag, der sich auszeichnet durch das Loslassen eigener Wünsche und Vorstellungen in dem Vertrauen auf weise göttliche Fügung." Hier können wir nun ergänzen: „Es wird wahrscheinlich auch donnern und blitzen!"
Wir tun gut daran, flexibel zu sein an diesem Tag, um auf Überraschendes reagieren zu können. Jedoch nicht in dem Sinne, es abzuwehren, denn wer würde schon ernsthaft versuchen, ein Gewitter oder gar einen Wirbelsturm aufzuhalten, sondern in dem Sinne, „mich zu fügen", in dem Vertrauen, dass es der weise Jupiter gut mit mir meint und mich am Ende des Donnerstags auf den mir zugehörigen Platz gestellt hat.

FREITAGSABSCHNITT DES JAHRES: ANGEKOMMEN!

Sieben Wochen von Mitte April bis Anfang Juni („Ostern" bis „Johanni")

Die Jahreszeit der Fülle dauert von Ende April bis Mitte Juni. Im Mai sind die Tage angenehm warm und so treibt es einen

endgültig aus dem Haus. Alles wächst, entfaltet und zeigt sich. Die Kühe werden unter freudigen Bocksprüngen auf die saftigen Wiesen gelassen und die Nächte sind verlockend warm. Wir gehen barfuß auf nackter Erde und genießen ein Gefühl von Freiheit, Liebe und Frieden.
Die Knospen öffnen sich und auch ich bin aufgefordert, ganz im Sinne des April (lat. aprire = öffnen), mich dem Leben im Hier und Jetzt zu öffnen, und das zum Herzen zu führen, was ist. Es herrscht ein buntes, friedvolles Nebeneinander.

Das passt zu Venus, oder? Alles was da ist, zum Herzen führen. Hatte Freia nicht mit allen Elementen ein Liebesverhältnis und kreierte Freiheit dadurch, dass sie alle Bewertungen überwand und so den Frieden erschuf? Ja, das ist der Freitag: In der Welt angekommen!

SAMSTAGSABSCHNITT DES JAHRES: AUFLÖSUNG UND ESSENZ

Sieben Wochen von Anfang Juni bis Ende Juli (Johanni bis zum Schnitterfest)

Im Juni und Juli ist es heiß. Die Sonne brennt auf der Haut und ich meide Bewegung im Freien, fühle mich dösig und matt. Jetzt ist die Zeit des höchsten Sonnenstandes... und damit auch die Zeit, an der wir die Diskrepanz zwischen der schönen Sommerstimmung und etwaigen ungelösten Problemen am stärksten spüren. Und: Wegrennen oder große Aktionen starten können wir aufgrund der Hitze jetzt nicht mehr.

Schon der Monat Mai gilt, neben seiner Eigenschaft als Monat der Hochzeiten, eben in seiner Kehrseite, als Monat der Todesfälle und Selbsttötungen. Und auch die anschließende Samstagszeit des Jahres treibt mich zu tiefgreifenden

Entscheidungen. Am Samstag kann ich nur eins werden: Mein pures Ich. Ich suche im Samstagsabschnitt des Jahres Schatten auf, sowohl im Realen wie im bildlichen Sinne: Der Drang nach Auflösung von etwaig Verborgenem in unserer Seele ist am Samstag am größten.

Dementsprechend ist der Samstag für manche die Zeit für Biografie-Arbeit, also der Tag, sich mit seiner Essenz und seinem Sinn hier auf der Erde auseinanderzusetzen. Das dazugehörige Lebens-Jahrsiebt zwischen 35 und 42 Jahren gilt entsprechend, wie wir weiter hinten sehen werden, nicht umsonst bei vielen als das Krisenjahrsiebt überhaupt.

Das passt zu dem, was wir schon wissen: Da steht er also vor uns, der Saturn, der „Hüter der Schwelle“, wenn es trotz der schönen Sommerstimmung um uns herum nicht weitergeht, weil er uns in unsere unerlösten Seiten zwingt. Am Samstag begeben wir uns also nicht selten auf eine lange Reise, an den Grund unserer eigenen Geschichte: Unserem Sinn, unserer Aufgabe, unserem Platz hier auf der Erde. Wie am Grund eines tiefen Brunnens, von dem aus ich auch tagsüber die Sterne leuchten sehen kann, wenn ich nach oben blicke, gelangen wir am Samstag an den tiefen Ort, zur „reinen Idee“, in uns.

SONNTAGSABSCHNITT DES JAHRES: DIE MITTE FÜHLT SICH LEICHT AN!

Sieben Wochen von Ende Juli bis Mitte September („Schnitterfest“ bis „Erntedank“)

Der Sonntagabschnitt des Jahres beginnt Ende Juli und geht bis Mitte September. Es ist die Zeit des Frühherbstes, der beginnenden Fülle. So wie die Pflanzen ihre ihnen zugehörigen Früchte formen, so bin auch ich am Sonntag in meiner Mitte angekommen, die sich leicht anfühlt.

Es gibt jetzt nur das Leben, wie es immer schon sein sollte. Die Ernte beginnt. Wir sind jeden Jahres-Sonntags-Abschnitt ein bisschen näher an unserer ureigenen Quelle, unserem eigentlichen Wesen, angelangt.

So wie die Sonne über allem scheint und keinen Unterschied macht, löst sich auch im Sommer alles auf: Drinnen und Draußen, Inhalt und Form, Wünsche und Realität. Es ist angenehm warm, gerade richtig, um sich überall bewegen zu können. Am Sonntag fragen wir uns nicht mehr, wo es hingeht und wie es weitergeht … wir *sind* im Garten Eden.

Und, schauen wir nach oben...: „Warum sollte ich mich auch irgendwohin bewegen, wenn ich schon in der Mitte bin?" fragt die Sonne. Und so fragen wir uns dasselbe am Sonntag, dem Tag des Freudenfestes.

Auch hier zeigt sich die Verbindung zum bereits oben Festgestellten: Im Zentrum unseres Seins fragen wir nicht mehr nach dem woher und wohin; wir urteilen und richten (uns) nicht mehr (aus), sondern wir feiern unser Dasein. Wir sind im Zentrum unseres Lebens angelangt und strahlen von uns alleine aus. Am Sonntag fühlen wir uns vital, voller Energie und Kraft.

Sonntag-Nachmittags-Depression

Nicht wenige von uns haben zumindest Sonntagnachmittag dieses paradiesische Gefühl nicht mehr. Man spricht in diesem Zusammenhang auch von der Sonntag-Nachmittags-Depression, die daraus resultiert, dass der kommende Montag nicht „mit halber Kraft" begonnen und als Tag genutzt wird, die Woche vorzubereiten, sondern um Neues zu starten. Der Sonntag wird ganz anders erlebt, wenn der Montag in seiner ursprünglichen Qualität als der Nachklang der alten Woche und als Vorbereitungstag der neuen Woche angesehen wird.

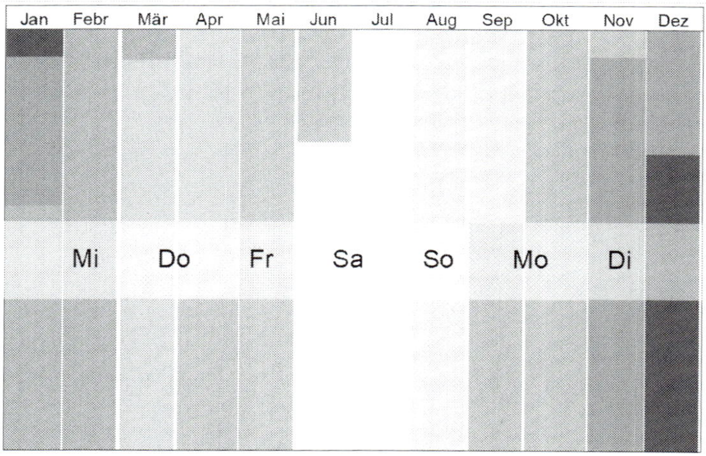

***Die einzelnen Jahresabschnitte im Jahreslauf**: Hier ist exemplarisch ein Jahr in die sieben Jahresabschnitte aufgeteilt, wobei hier der neue Abschnitt immer mit der Dienstagswoche des entsprechenden Abschnitts beginnt.*

Die drei Wochen, die „übrig" bleiben, wenn man von den 52 Wochen eines Jahres 7 mal 7 Wochen abzieht, sind um die Weihnachtszeit angeordnet und haben einen „Samstags"-Charakter. Wie uns die Natur zu dieser Zeit vormacht, sind wir Menschen in diesen drei Wochen aufgefordert, uns in uns zurückzuziehen, zu ruhen und Kraft zu tanken. Die Montagswoche des darauffolgenden Mittwochsabschnitts beginnt in der Woche nach Heilige Drei Könige. Diese Einteilung habe ich nach vielen Jahren des Herumprobierens herausgefunden.

FAZIT

Nun, ich denke, es ist deutlich geworden, dass unser Seelenrhythmus, wie er im Wochenaufbau beschrieben ist, sich auch in den jährlichen Veränderungen im Jahreslauf widerspiegelt; ja, eine Verwandtschaft zwischen dem Rhythmus der Natur und dem unserer Seele besteht:

Vom „gefühlsschwangeren" September über den „blutroten", von Idealen geschwängerten Oktober des Montagsabschnittes in den kompromisslosen Dienstagsabschnitt des November im Zeichen des Mars... über den besänftigenden, schneereichen Mittwoch im Januar und Februar und den alles zurechtrüttelnden, von Blitzen begleiteten Donnerstagsabschnitt im März und April in die Fülle des Freitagsabschnittes im Mai.

Und schließlich dann das „Schattenaufsuchen" im Samstagsabschnitt im Juni und Juli und das „Ernte einfahren" im August im Sonntagsabschnitt.

Wir sehen, dass der Rhythmus der Seele, wie im Aufbau der Woche, sich uns auch im Jahresablauf zeigt. Ergänzen wir unsere Beschreibung des Weges durch die Woche von weiter oben mit den jetzt hier hinzugewonnenen Erkenntnissen, ergibt sich nun in etwa folgendes Bild:

> **Am Montag** „bringe ich die Ernte ein", mache sie haltbar, werde dabei empfänglich für das Vergessene und tauche ab in meine Sehnsüchte und Ängste. Ich gehe „schwanger" mit Sehnsuchtsgefühlen und werde gegen Ende des Montags ganz ruhig und entschlossen, etwas zu wagen.

> **Am Dienstag** breche ich früh im Nebel auf, um dann, angetrieben von einem inneren Feuer, kompromisslos durch alle Widerstände hindurch zu brechen. Ich greife an und

verschiebe damit Grenzen bis es für mich nicht mehr weiter geht.

> **Am Mittwoch** verschaffe ich mir einen Überblick über die Lage, fasse Vorsätze, die jetzt nach dem „Hörnerabstoßen" des Dienstags von Illusionen befreit sind, und versuche nun hochkonzentriert durch Verhandlungen meine Ziele umzusetzen.

> **Am Donnerstag**, mit aufkommenden Frühlingsgefühlen, hält mich nichts mehr im Klein-Klein und unter dem Eindruck des übermächtigen Jupiter lasse ich los und öffne mich für eventuell noch heilende Impulse und Anregungen von außen. Begegnungen, Blitze und Donnergrollen fasse ich nicht als Bedrohung auf, sondern lasse mich im Gewitterregen tanzend darauf ein, gehe mit und reibe mir höchstens verwundert und dankbar die Augen, wohin es mich am Ende des Donnerstags geführt hat.

> **Am Freitag** bin ich schließlich bei mir und im Kreis all derer angekommen, die zu mir gehören. Ich schließe alles ab, mache alles rund, bin fruchtbar und vertraue darauf, dass das, was ich jetzt pflanze, seine Frucht tragen wird.

> **Am Samstag** komme ich zur Ruhe, in meine Herzensruhe.

> **Am Sonntag** fahre ich meine Ernte ein und feiere dann mit allen anderen ein (Dankes-) Fest, angekommen in meiner Mitte!

DER RHYTHMUS UNSERER SEELE IM JAHRSIEBT

So sehr mich selber diese bis hierhin aufgezeigten Zusammenhänge faszinierten, blieb ich mit meinen Forschungen und Aufzeichnungen doch ziemlich allein. Das änderte sich erst, als ich mit der Zeit erkannte, dass sich der der Woche zugrunde liegende Rhythmus nicht nur auf die Woche und das Jahr sondern auch auf unser Jahrsiebt beziehen lässt... also man durchaus von Montags-, Dienstags- oder Mittwochsjahren sprechen kann, in denen die den einzelnen Wochentagen zugeordneten Stimmungen die Grundstimmungen für die jeweiligen Jahre ausmachen.

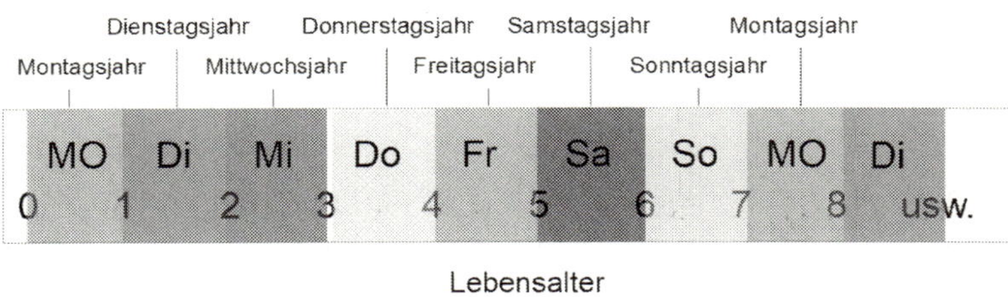

Dazu gekommen war ich, als ich selber im Rückblick auf mein Leben festgestellt hatte, dass ich in bestimmten Jahren in Aufbruchsstimmung gewesen war und bereit, Risiken einzugehen, in anderen jedoch einfach nur Lust gehabt hatte, mich am liebsten ein ganzes Jahr lang zurückzuziehen. Ich erinnere mich noch gut an ein Jahr des Rückzugs auf meinen vom Vormieter wunderschön ausgebauten Dachboden, auf den ich mich immer wieder zurückzog, um liegend vor mich hinzusinnen ... und dass sich dieser Stimmungswechsel über die Jahre nach dem gleichen Muster vollzog wie schon im Wochen- und im Jahreslauf beschrieben.

Wobei ich am Anfang gar nicht daran gedacht hatte, mit meinen Überlegungen nach draußen zu gehen. Ich rechnete schlichtweg nicht damit, dass andere ähnlich empfinden würden. Es genügte mir vollkommen, dass ich für mich einen Rhythmus gefunden hatte, in dem ich mich gut aufgehoben und von dem ich mich getragen fühlte. Ich hatte für mich die Gewissheit erlangt, durch sein „Hochhalten“ den Raum und die Legitimation bekommen zu haben, alle meine Anliegen in die Welt zu bringen. Andere mochten das merkwürdig finden; für mich wurde das Leben im Einklang mit dem Rhythmus meiner Seele mit der Zeit der Garant für meinen Seelenfrieden schlechthin.
Trotzdem erzählte ich von meinen Überlegungen, wenn ich darauf angesprochen wurde, und so passierte es eines Tages, dass ein Freund mich fragte, ob es denn nicht sein könne, dass dieser Rhythmus, den ich gefunden hatte, nicht nur für mich, sondern vielleicht für alle gelten würde und schlug vor, einen Test zu machen: Er würde mir ein Erlebnis aus seinem Leben erzählen und in welcher seelischen Verfassung er sich damals befunden hatte ... und ich sollte doch versuchen zu sagen, wie alt er zu diesem Zeitpunkt gewesen ist. Denn das müsste sich ja anhand des Rhythmus der Seele, sollte er allgemein gelten, herleiten lassen. Wie gesagt, so getan! Er erzählte mir von einer einjährigen Auszeit auf einer kanarischen Insel, und nach einigem Nachfragen meinerseits nach den Gründen und seiner Lebenssituation in dieser Zeit, sagte ich ihm schließlich das meiner Meinung nach dazugehörige Lebensalter. Ich verortete ihn damals in einem „Donnerstagsjahr“. Er rechnete nach und stellte fest, dass ich ihm das richtige Alter genannt hatte. Daraufhin verbrachten wir den Nachmittag vor einem Packen alter Jahreskalender sitzend, und jedes Mal, wenn ich ihm zu einem Erlebnis von dem er berichtete, ein dazugehöriges Alter nannte, blätterte er in seinen

Aufzeichnungen nach. Und wir stellten fest, dass ich in den allermeisten Fällen tatsächlich ins Schwarze getroffen hatte. Das war natürlich verblüffend.
Ab da wurde das Thema plötzlich auch für andere interessant, denn es wurde im Rückblick für viele nachprüfbar, ob sich die zum entsprechenden Jahr gehörende Grundstimmung in den vergangenen Jahren tatsächlich auch in ihrem Leben gezeigt hatte. In der Woche wechseln sich die Tage relativ schnell ab und wir sind oft so im Alltag gefangen, dass ein Nachspüren der einzelnen Wochentagsstimmungen dem Einzelnen in der Regel schwerfällt. Und auch im Jahreslauf schieben wir schnell etwaige Stimmungsschwankungen auf die Auswirkungen der sich ändernden natürlichen Begebenheiten wie das Wetter. Aber wenn ein ganzes Jahr plötzlich im Zeichen einer ganz bestimmten Grundstimmung steht, weckte das die Neugierde.

Es ist tatsächlich so: Wir können getrost von einem Mondjahr, Marsjahr, Merkurjahr und so weiter sprechen, wobei ich persönlich lieber Montagsjahr, Dienstagsjahr usw. benutze, um den Bezug zu unserem Wochenaufbau zu behalten. Ich habe im Laufe der Jahre noch keine Biografie erlebt und auch noch von keiner gelesen, in der nicht die zentralen Ereignisse auf genau den Jahren liegen, die sich aus dem Rhythmus unserer Seele ergeben. Es geht soweit, dass, wenn man über die Lebensläufe von Menschen liest, die vor ein paar hundert Jahren gelebt haben und aus deren Leben nur einzelne Daten überliefert sind, aber deren genaues Geburtsjahr unbekannt ist, dass man da problemlos auf das Geburtsjahr rückschließen kann.

Ich erinnere mich, dass eine Frau einmal in mein Seminar kam und lachte, weil sie die Vorstellung belustigte, dass unser Leben letztendlich zeitlich so vorbestimmt sein sollte. Ich bat daraufhin diejenigen aus der Gruppe, die schon einen Jahreskurs bei mir gemacht hatten, ihr Fragen zu ihrer diesjährigen Grundstimmung zu stellen und davon auf ihr jetziges Alter zu schließen. Sie taten es mit Erfolg. Zum Abschied am Nachmittag sah die Teilnehmerin mich wieder lachend an und so fragte ich sie, warum sie denn immer noch lache und ob die anderen sie denn nicht überzeugt hätten? Nein, sagte sie, jetzt würde sie lachen, weil ich mich so darüber freuen würde. Was ja auch stimmte, weil für mich damit der Beweis erbracht worden war, dass die Fähigkeit, auf diese Art bestimmte Jahre zu erkennen, nicht eine besondere Gabe oder Zauberei von mir ist, sondern erlern- und vermittelbar.

Woher weiß ich, in welchem Jahr ich mich befinde?

Wenn ich geboren werde, geht mein Sonntagsjahr im Mutterleib zu Ende und ich falle aus der dem Sonntag zuzuordnenden „paradiesischen“ Gebärmutter auf die Erde: Mein erstes Jahr auf der Erde ist demnach ein Montagsjahr. Dann folgt das Dienstagsjahr usw. Wenn ich sieben Jahre alt werde, geht das Sonntagsjahr meines ersten Jahrsiebts, eines Montagsjahrsiebts, zu Ende. Im Jahr meines vierzehnten Geburtstags endet das Sonntagsjahr des Dienstagsjahrsiebts usw.

Das Jahr beginnt immer mit dem Montagsabschnitt des Jahres, unabhängig davon, wann ich genau im Jahreslauf meinen Geburtstag habe. Der Montagsabschnitt eines Jahres beginnt immer Mitte September.

DER RHYTHMUS UNSERER SEELE IM TAGESLAUF

Doch nicht nur im Jahres- und Jahrsiebtelauf offenbart sich der Rhythmus unserer Seele, auch jeder Tag lässt sich als kompletter Zyklus unserer Seele erleben. Mit dem Unterschied, dass sich naturgemäß die einzelnen Qualitäten im Tageslauf sehr schnell ändern und man schon sehr genau diesen nachspüren muss, um das für sich zu realisieren.

Überträgt man nun den Rhythmus unserer Seele auf den Tag, dann befinden wir uns früh morgens in der Montagsphase des Tages, in der wir, noch passiv, langsam im neuen Tag ankommen, und nach und nach unsere Gedanken ordnen. Spätestens um 9:00 Uhr beginnt dann die Dienstagsphase, in der wir am Anfang das, wovor wir am meisten Angst haben oder was wir als Haupttätigkeit des Tages sehen, angehen sollten... um schließlich von 11:00 Uhr bis 13:00 Uhr in der Mittwochsphase das Wichtigste erledigt zu haben, beziehungsweise angegangen zu sein. Bis 15:00 Uhr schließt sich hieran die Donnerstagsphase an, in der es Sinn macht sich „auszuspannen", um dann ab 15:00 Uhr, im „Freitags-abschnitt" des Tages, die Tagesarbeit abschließen zu können.

Vielleicht noch eine kurze Abschlussbesprechung oder Versammlung beim gemeinsamen Tee um 16:30 Uhr?
Um 17:00 Uhr schließlich folgt die „Samstagsphase“ des Tages, die Phase der „Herzensruhe“, um ab 19:00 wieder „sonntäglich“ lebendig und ausgelassen und bereit für Unternehmungen am Abend zu sein.

DER RHYTHMUS UNSERER SEELE IM JAHRESABSCHNITT

Analog lassen sich auch die sieben oben beschriebenen Jahresabschnitte jeweils in eine “Montagswoche”, “Dienstags-woche”, “Mittwochswoche” usw. unterteilen.
Für das praktische Leben hat diese Ebene eine große Bedeutung, denn innerhalb einer Woche lässt sich vieles angehen und verändern, und da ist es schon von Vorteil, wenn ich weiß, welche Grundstimmung in der jeweiligen Woche, in der ich mich gerade befinde, vorherrscht.

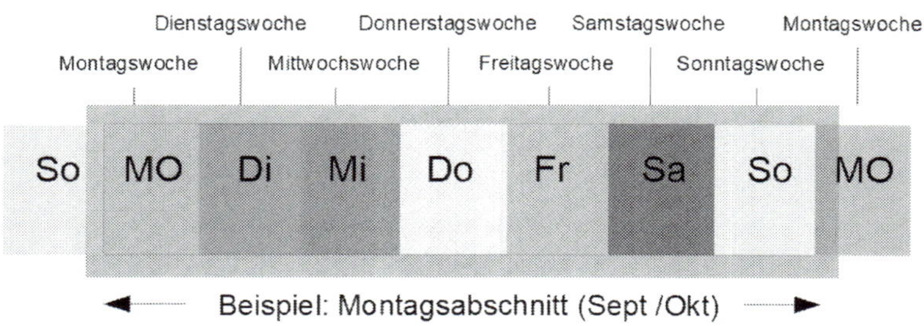

DER RHYTHMUS UNSERER SEELE IM NEUNUNDVIERZIG-JAHRE-ZYKLUS

Besonders deutlich zeigt sich der Rhythmus unserer Seele, wenn man den 7x7-Jahre-Zyklus betrachtet, weil jeder von uns sein bisheriges Leben einmal unter diesem Gesichtspunkt rückblickend durchgehen kann:

Das *Montagsjahrsiebt* dauert von der Geburt bis zum siebten Lebensjahr, und ich denke, dass diese Phase von der absoluten Passivität und dem Ausgeliefertsein über die ersten Schritte bis hin zum Eintritt in die Schule die Montags-Qualität ganz gut beschreibt. Wir versuchen zu begreifen, lernen sprechen, orientieren uns, finden Worte. Hier erkennen wir das montägliche „Wiederankommen" aus dem Sommer und das neue Orientieren deutlich wieder.

Danach folgt bis zum vierzehnten Lebensjahr das *Dienstagsjahrsiebt* und bezeichnenderweise wird vor allem zu Beginn dieses Jahrsiebts in der Grundschule sehr spontan gehandelt und gerangelt. Gefühle werden direkt gezeigt; es wird gestritten und versöhnt im Minutentakt. Die Zeit ist ausgefüllt und wir sind in ständiger Bewegung, ganz im Hier und Jetzt. Morgen ist immer ein neuer, aufregender Tag. Auch hier ist der „Dienstag" unschwer zu erkennen: Grenzen werden ausgelotet und schließlich Ideale formuliert.

Das *Mittwochsjahrsiebt* zwischen vierzehn und einundzwanzig Jahren stellt sich da schon etwas anders dar. Berufsüberlegungen rücken in den Vordergrund, die „Pubertierenden" entwickeln ihre Interessen, stecken ihre Reviere ab, und das andere Geschlecht kommt auch in den Blick. Manche werden

in dieser Zeit schon Eltern oder sind am Ende des Abschnitts fest im Beruf.
Auch hier entspricht das der bisher festgestellten „Mittwochsenergie“, weil die Zeit der impulsiven Handlungen vorbei scheint. Man ordnet sich ein, findet seine Aufgabe und bemüht sich um berufliches und privates Vorwärtskommen.

Dementsprechend ist das *Donnerstagsjahrsiebt* ab dem einundzwanzigsten Lebensjahr auch eher die „Hohe Zeit“ der „Noch-nicht-Festgelegten“: Die Zeit der großen Reisen und Entdeckungen. Was früher und manchmal auch heute noch die „Wanderjahre“ der Gesellen waren und sind, ist für andere vielleicht die Horizonterweiterung an einer Universität. Für viele ist spätestens jetzt die Zeit des Auszugs von zu Hause. Frühlings- und Aufbruchsgefühle … am Ende des Donnerstagsjahrsiebts steht ein geklärter Mensch, der um seinen Platz und seine Berufung weiß.

Wenn wir das vergleichen mit dem, was wir bis hierhin über den Donnerstag wissen, dann erscheint diese Zeit tatsächlich als eine Zeit der Horizonterweiterung mit entsprechenden Möglichkeiten einer Korrektur des bis hierhin eingeschlagenen Weges. Vielleicht verändern sich jetzt noch einmal Sichtweisen und neue Schwerpunkte werden gesetzt.

Auf jeden Fall ist das jetzt endgültig die Zeit der ernsten Partnerschaften … und das wird für viele schon von ganz alleine dafür sorgen, dass eigene Standpunkte in Frage und aufgegeben werden müssen, soll die Verbindung auf Dauer gelingen.

Mit der finanziellen Absicherung kommt häufig auch der Familienwunsch spätestens im *Freitagsjahrsiebt* ab 28 und alles passt zusammen in diesem Alter, das im Jahreslauf mit dem Mai korreliert. Die Zeit der Fülle beginnt. Ist Mann oder Frau wirklich angekommen, dann nimmt das Leben nun seinen erfüllten Lauf, was ja auch dem „Wonnemonat Mai" und dem Charakter des Freitags, soweit wir ihn bis hierhin beschrieben haben, entspricht.

Fehlt jedoch etwas, das heißt, ist der gefundene Beruf oder der gefundene Partner nicht der Richtige oder ist in der eigenen Geschichte noch etwas ungelöst, dann beginnt spätestens im Alter von 33 eine Zeit der seelischen Erschütterungen und Beben, die dem „Hüter der Schwelle" Saturn, dem Herrscher über das *Samstagsjahrsiebt*, alle Ehre machen. Das Samstagsjahrsiebt ab 35 führt nicht wenige tief in ihre (Familien- und Seelen-) Geschichte, und nur wenn dort Klärung geschaffen wurde, winkt ein wirklich erfülltes *„Sonntagsjahrsiebt"* ab 42.
Aber auch wenn Wesentliches noch nicht geklärt ist: Das Sonntagsjahrsiebt, wie der Sonntag allgemein, stellt in seinem Festcharakter oft eine Verschnaufspause dar. Wenn man (großes) Glück hat, zeigen sich die nicht gelösten seelischen Verstrickungen in ihrer ganzen Wucht erst wieder ab dem 49. Lebensjahr, wenn sich im *zweiten Montagsjahrsiebt* des Lebens bis 56 das herausschält, was bis jetzt nicht beachtet und gelebt wurde.

Für alle anderen, die sich mit sich und der Welt im Reinen befinden, beginnt nun nach einem erfüllten Sonntagsjahrsiebt der zweite Neunundvierzig-Jahre-Zyklus potentiell in Wohlstand und Ausweitung ihrer bisherigen Lebensinhalte. Das alles spielt sich in diesem Alter für viele im Kreise einer sich nun nach und nach durch die dritte Generation vergrößernden Familie ab.

Das Montagsjahrsiebt als Beginn des „zweiten Durchlaufs" ist nicht selten geprägt von Abschieden. Zum einen, weil die Kinder spätestens jetzt das Haus verlassen und dadurch ganz deutlich das bisherige Leben zu Ende geht, und zum anderen, weil jetzt die Zeit beginnt, in denen die eigenen Eltern sterben. Nicht wenige orientieren sich in dieser Krisenzeit allein schon deshalb privat und beruflich nochmal um, weil sie sich nun mit zunehmenden Freiräumen erst ihrer eigentlichen Essenz voll bewusst werden und diese in diesem Leben noch ausdrücken und leben wollen.

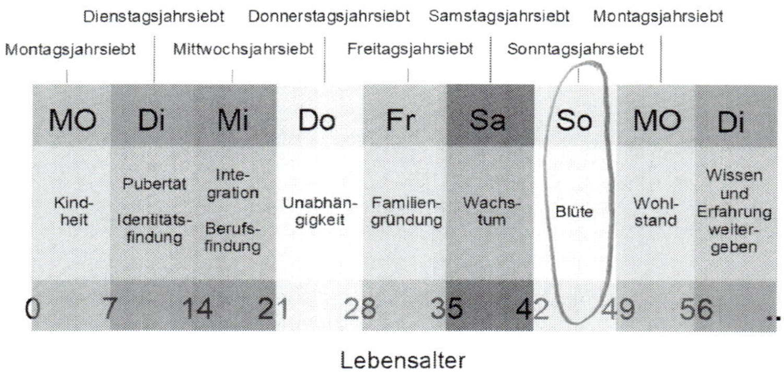

DER MEHRDIMENSIONALE CHARAKTER DES RHYTHMUS UNSERER SEELE

Berücksichtigung, dass die zeitlichen Dimensionen sich überlagern

Wenn man sich die verschiedenen Zeitebenen, in denen unsere Seele gleichzeitig schwingt, vor Augen führt, wird deutlich, dass sich zu jedem Zeitpunkt die Qualitäten des Tages, der Woche, des Jahresabschnitts, des Jahres und des Jahrsiebts überlagern und miteinander als verwoben betrachtet werden müssen.

So muss zum Beispiel bei der Übertragung unseres Seelenrhythmus auf den einzelnen Tag berücksichtigt werden, dass es einen Unterschied macht, ob ich mich montags in einer Montagswoche oder in einer Freitagswoche befinde.

Rangordnung der Ebenen

Vordergründig betrachtet können zu manchen Zeiten Energien sogar gegeneinander stehen. Zum Beispiel, wenn ich mich im Dienstag einer Freitagswoche befinde, da sich Dienstag und Freitag in ihrer Stimmungsqualität ja diametral gegenüber stehen. Aber der vermeintliche Widerspruch ist keiner, wenn ich die Rangordnung der Ebenen berücksichtige. Die Woche zählt gewichtiger als der Tag und damit bin ich in diesem Fall aufgefordert, meine Impulsenergie des Dienstags in die Aufgaben zu stecken, die ich im Sinne des Freitags demütig anerkannt und angenommen habe.

Insgesamt ergibt sich also das Bild eines organisch schwingenden Gebildes, das netzartig die verschiedenen Zeitebenen miteinander verbindet. Natürlich kann man bei der Berücksichtigung seiner seelischen Position, wenn man das so nennen will, nicht immer alle Qualitäten gleichzeitig im Blick haben. Die Erfahrung zeigt aber, dass gerade in Situationen, in denen ich unter Stress gerate oder wo ich unsicher bin, wie die nächsten Schritte aussehen sollten, es Sinn machen kann, kurz innezuhalten und einfach mal zu schauen, wo ich mich im Sinne des Seelenrhythmus gerade befinde. Ihr „Seelen-Jahr“ werden viele, einmal ausgerechnet, meiner Erfahrung nach ständig präsent haben, und es macht auf jeden Fall Sinn, sich zusätzlich den jeweiligen Jahresabschnitt und die Woche, in dem oder in der ich mich gerade befinde, immer wieder bewusst zu machen.

Wer sich richtig auf den Rhythmus seiner Seele einlässt, der wird reich belohnt werden, weil er sich regelrecht getragen fühlen wird vom feinmaschigen Netz unseres gemeinsamen Seelennetzes, das uns mit den Seelen unserer Nächsten wie dem ganzen Universum verbindet. Und wir werden uns dann nicht mehr wundern, wenn, wie von Geisterhand gelenkt, sich so manches von ganz alleine fügt, und es sich damit bewahrheitet, was ich weiter oben schon von John O`Donahue zitierte:

„Wenn wir unserer Seele nur rückhaltlos vertrauten, würde uns jeder Segen zuteilwerden, jede Wohltat, die wir benötigen.“

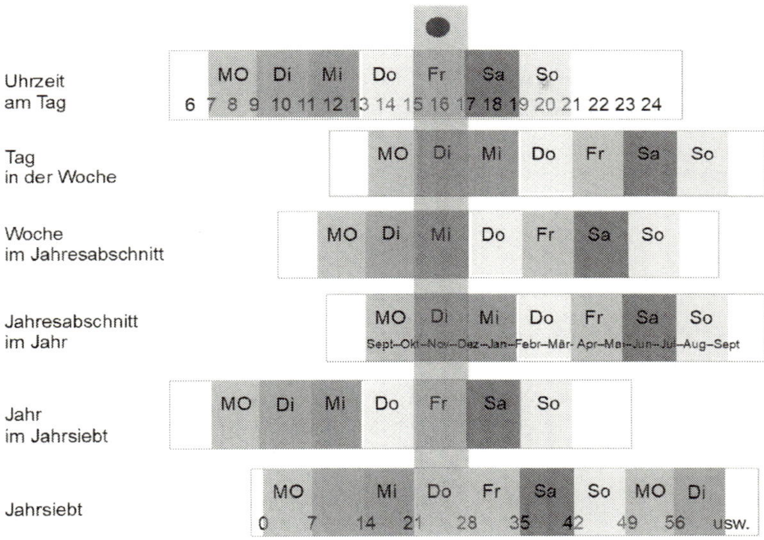

In diesem beispielhaften Chart, das die Überlagerung aller Seelenstimmungen eines Menschen in seinem sechsundzwanzigsten Lebensjahr verdeutlicht, befinde ich mich

>in den Freitagsstunden
>eines Dienstags
>einer Mittwochswoche
>im Dienstagsabschnitt ...
>... eines Freitagsjahres
>im Donnerstagsjahrsiebt

Ich muss mich also nicht wundern, wenn es die letzten Jahre etwas turbulenter zugegangen ist, weil vieles, was mir bis vor drei, vier Jahren noch undenkbar schien, noch in meinem Leben seinen Platz finden wollte. Ich bin also gerade im Donnerstagsjahrsiebt vom Leben aufgefordert, in Bewegung zu bleiben und speziell im Freitagsjahr dem

Neuen einen Platz zu geben. Das geschieht vielleicht nicht ganz ohne inneren Widerstand, aber ich tue jetzt gut daran, ganz im Sinne einer Mittwochswoche im Dienstagsabschnitt des Jahres kraftvoll und konstruktiv daran mitzuwirken.
Am heutigen Dienstagnachmittag liegt wahrscheinlich ein aufregender, vielleicht nicht ganz reibungsloser, Tag hinter mir und ich runde gerade am Freitagsabschnitt des Tages am späteren Nachmittag mein Tageswerk ab.

Sicher was für Fortgeschrittene, aber schon nach kurzer Zeit kann die Bewusstmachung des eigenen zeitlichen Standpunkts wesentlich zur Erleichterung bei der Bewertung von Situationen beitragen und mit der Zeit eine wertvolle Entscheidungshilfe werden. Probier es doch mal aus!
Es ist eine große Hilfe im Alltag, vor allem, wenn ich mal gerade nicht weiter weiß oder wichtige Entscheidungen anstehen. Das Wissen um den Rhythmus meiner Seele hilft mir, Situationen richtig einzuordnen und angemessen zu reagieren. Denn, um beim obigen Fall zu bleiben: Ich könnte ja auch mich gegen das Neue und Unerwartete in meinem Leben sperren. Oder, selbst wenn ich es akzeptiert hätte, mich zu diesem Zeitpunkt nicht aktiv um seine Verwirklichung in meinem Leben kümmern. Ein Blick auf meine derzeitige Seelenstimmung würde mir in diesem Fall aber was ganz anderes raten!

BIOGRAFIEARBEIT
IM WISSEN UM DEN RHYTHMUS UNSERER SEELE

Hier an dieser Stelle möchte ich nur kurz auf das große Potential eingehen, das das Wissen um den Rhythmus unserer Seele für unseren Entfaltungsprozess und unsere Lebensplanung birgt. Wie ich aus meinem eigenen Leben, aber auch aus vielen Coachinggesprächen weiß, haben viele von uns ein Stück weit, vor allem im Trubel der geschichtlichen Ereignisse des zweiten Weltkrieges, ihr "Koordinatensystem" verloren, das die Beziehungen herstellt zwischen uns und unserer Herkunft.

Aber wie das Wasser immer wieder ins Meer fließt, aus dem es stammt, und wie die Lachse, die zum Laichen zurück an ihren Ursprung schwimmen, wollen auch wir alle letztendlich zurück nach Hause. Doch viele haben das Gefühl für ihr „Zuhause" verloren und bei nicht wenigen äußert sich das sogar in Depressionen. Denn: Was sind Depressionen schließlich vom Grundgefühl her anderes als ein unerträgliches Heimweh?

Damit wir nicht vergessen, wer wir sind

Biografiearbeit ist zum großen Teil „ein sich auf den Weg zurück machen", um die eigene Geschichte zu ergründen und dadurch auf den tiefen Grund des eigenen Daseins zu kommen.
Macht man sich nun deutlich, dass unser ganzes Leben in einen Rhythmus eingebettet ist, dem wir alle bewusst oder unbewusst gefolgt sind und folgen, können wir zurückliegende biografische Schlüsselsituationen und unsere derzeitige

Lebenssituation besser bewerten und einordnen… und dieses Wissen wird uns auch bei zukünftigen Entscheidungen behilflich sein.

Im Einzelnen heißt das, dass uns das hier vermittelte Wissen bei

- der inhaltlichen und zeitlichen Einordnung momentaner seelischen Stimmungen,
- der Einordnung von Schlüsselsituationen im Nachhinein,
- dem Erkennen von zentralen Lebens- und Berufsinhalten und
- der Bestimmung von Zeitpunkten für kommende Vorhaben

und vielem mehr helfen kann.

Es gibt uns Orientierung auf unserem Lebensweg, der im Rückblick vielleicht gar nicht so verworren ist, wie es manchem scheint… und vor allem eines macht: Sinn!

EINIGE WICHTIGE POLE UNSERER SCHWINGENDEN SEELE

An dieser Stelle wollen wir noch ein wenig tiefer in den Rhythmus unserer Seele einstiegen, ihn noch etwas besser „fühlbar“ machen, indem wir uns die konkreten Zeitpunkte einiger Seelenstimmungen bewusst machen; wann sie also innerhalb einer Woche ihren Höhepunkt und wann ihren Tiefpunkt haben.

Zum Beispiel: Wir wissen, es macht am Montag Sinn, sich zurückzuziehen, nach innen zu schauen und mich mit meinen Ängsten zu beschäftigen. Umgekehrt sollte ich am Donnerstag mich vertrauensvoll nach außen wenden und mich auf möglichst viele Begegnungen einlassen. Da haben wir schon mal eine „Schwingung“ zwischen zwei Polen, nämlich zwischen „nach innen schauen“ und „nach außen schauen“: Eine Schwingung zwischen Montag und Donnerstag.

Oder der Aspekt „Bewegung“: Auch hier zeichnen sich zwei Pole in der Woche ab. Der Samstag, der alte Sabbat, ist seit jeher ein Tag der spärlichen Bewegung (“keine tausend Schritte tun”), der Mittwochvormittag hingegen gilt als der Tag der Geschäfte und zeichnet sich durch enorme Bewegung aus.

Ein anderes Beispiel sind die Pole „Widerstand geben“ und „Anerkennen, was ist“: Am „Kriegstag“ Dienstag sollte man im Zweifel „nein“ sagen, am Tag der Heiligen Hochzeit, Freitag, gibt man sich das „Ja“-Wort.

Mann und Frau

Es lassen sich alle denkbaren Stimmungs-Gegenpaare in der Woche wiederfinden. Kein Gegensatz aber dominiert unsere Woche so wie der Pol „männlich-weiblich“, weil sich letztendlich alle Seelenzustände unter den Begriffen „männlich“ und „weiblich“ oder, für manche vertrauter, unter „ying“ und „yang“ subsummieren lassen.

Dieser Aspekt ist insofern interessant, als dass sich davon ja ableiten ließe, dass Männer und Frauen, da sie halt jeweils mehr Anteile des einen Pols in sich vereinen, ihre jeweils eigene gegensätzliche zeitliche Heimat in der Woche haben.

Und tatsächlich ist es unschwer zu erkennen, dass der Dienstag als Tag des Kriegsgottes Mars mit seiner Aufforderung, Impulse zu setzen, zu führen und zur Not auch alleine zu stehen, im Allgemeinen eher dem Mann liegt. Der Dienstag eignet sich für Männer mit seinen Mutproben besonders gut als Initiationstag für das “Mann-Sein”... als der Tag, an dem „ein Mann letztendlich alles, was ihm (von der Mutter, einer Frau) eingetrichtert worden ist, über Bord werfen und selbst herausfinden muss, was Männlichkeit bedeutet.“ (Robert Bley)

Natürlich haben Frauen häufig genauso eine Affinität zu Abenteuern und Eroberungen, den Attributen, sie leben diese aber in der Regel nicht so aggressiv aus und schieben in entsprechenden Situationen lieber häufig die Männer vor: Der „tolle Kerl“ soll zeigen, was er kann, seine Kraft demonstrieren, durchhalten, unwiderstehlich und herzhaft (für sie) kämpfen.

Dafür fällt den Männern das „Anerkennen dessen, was ist“, das verständnisvolle Zuhören und das „Gut sein lassen“ des Freitags oft schwer, wogegen die Frauen sich damit wiederum leichter tun. Dementsprechend ziehen sich die Männer zur Zeit des Freitag-Abschnittes des Jahres, im Mai, auch eher oft zum Ausruhen zurück, ganz im Gegensatz zu den Frauen, die im Mai oft aufblühen.

Mann und Frau überlassen das Nachspüren und Ausleben der Qualität, die ihnen nicht so liegt, gerne dem anderen Geschlecht. Beide könnten aber sehr gewinnen, wenn sie sich die jeweils andere Qualität und den damit verbundenen Wochentag einmal näher anschauten.

Männer mit ihren Schwierigkeiten, es einfach mal gut sein zu lassen, bekommen wahrscheinlich nicht zuletzt deswegen statistisch gesehen viel häufiger Herzinfarkte als Frauen. Und die Frauen würden Gutes für ihr Seelenheil tun, wenn sie wie die Männer auch mal häufiger ihren Standpunkt vertreten und es „knallen lassen“ würden.

Freitag, der Tag der Liebesgöttin Freia, wäre also ein Tag, dem die Männer einmal besondere Aufmerksamkeit schenken sollten... und Frauen täte es sicherlich gut, wenn sie sich dienstags ab und zu eine Scheibe vom germanischen Kriegs- und Richtgott Tiaz abschneiden würden.

	Verfolgung eines Ideals	Anerkennen, was ist	Veränderung im Außen	Veränderung im Inneren	Ich schaue zurück	Ich schaue nach vorn	Ich handle spontan	Ich handle mit Bedacht	Ich handle geplant	Ich handle improvisiert	Ich entwickle innere Bilder	Ich gründe im Außen	Ich bin unter Menschen	Ich ziehe mich zurück	Ich halte fest	Ich lasse los	Ich streite	Ich lasse gut sein
So																		
Mo					●						●			●				
Di	●		●				●										●	
Mi									●						●			
Do				●						●			●			●		
Fr		●				●		●				●						●
Sa																		
So																		
Mo					●						●			●				
Di	●		●				●										●	

ÜBUNG ZU DEN STIMMUNGSPOLEN DER WOCHE

Hier sind die Höhepunkte einiger Grundstimmungen im Wochenlauf aufgezeigt. Aber wie schon gesagt: Das ist nicht erschöpfend, da in der Woche alle nur denkbaren Gefühlszustände ihren Platz haben… in ihren jeweils ganz bestimmten Zeiträumen. Die meisten daraus resultierenden Handlungen machen zu ihrer Zeit Sinn ... und wenn man sie im Sinne der Freitag-Spät-Nachmittags-Stimmung unter „Mal-etwas-völlig-Verrücktes-tun“ abhakt.

Spüre doch mal die nächsten Tage in die Woche hinein und finde die Zeitpunkte weiterer Stimmungsqualitäten, die für Dich wichtig sind! Erkennst du noch weitere Pole für dich? Auf meiner homepage www.beizeiten.info findest Du Charts zum selber ausfüllen.

DER RHYTHMUS UNSERER SEELE BESCHRIEBEN IN UNSEREN SAGEN UND MÄRCHEN

In Gesprächen wird mir oft gesagt, was das doch für eine tolle Leistung wäre, diesen Rhythmus entdeckt zu haben. Da muss ich dann immer etwas schmunzeln, denn die Wocheneinteilung stammt ja nun wirklich nicht von mir. Schon vor tausenden von Jahren haben Menschen diesen Rhythmus erkannt, den ich mir nur wieder bewusst gemacht habe. Diese hier beschriebenen Gesetzmäßigkeiten zeigen sich offensichtlich seit Menschengedenken und unsere Vorfahren haben versucht, uns immer wieder daran zu erinnern; zum Beispiel halt dadurch, wie sie mit der Woche unsere Zeiteinteilung gestalteten.

Aber nicht nur auf diesem Wege: Auch der Weg, der von den Helden und Heldinnen in unseren Mythen, Sagen und Märchen beschritten wird, folgt dem Rhythmus unserer Seele. Natürlich werden dort häufig nicht nur einzelne Lebenswege aufgezeigt und auch der Weg des Mannes und der Frau unterscheiden sich zum Teil. Aber ich glaube, niemand wird widersprechen, wenn man folgenden Aufbau der Geschichten, der stark an den oben beschriebenen Weg durch die Woche erinnert, als archetypisch bezeichnet:

Im *Montagsabschnitt der Geschichte*, nach dem „Sturz des Ikarus“, der sich am Sonntag zu lange in der Nähe der Sonne aufgehalten hatte, so dass seine Flügel geschmolzen waren, befinden wir uns im Meer, dem Sinnbild für die noch unergründeten Tiefen unserer Seele. Wir werden von Sorgen und Zweifeln geplagt und sind in der ersten Zeit (Montagmorgen) noch nicht wirklich in der Lage, konzentriert im Außen zu handeln. Erst im Laufe des Montagsabschnitts bilden sich Bilder, Sehnsüchte und schließlich Lösungsansätze heraus, die sich dann nach und nach konkretisieren. In den Märchen und Sagen entspricht der Montag also der Phase, in dem der jugendliche Held oder die Heldin mit einem Problem konfrontiert wird, eine Entscheidung trifft und den Entschluss fasst, das Zuhause zu verlassen.

Im Laufe des *Dienstagsabschnitts*, nach dem Auszug von zuhause und dem „Sprung in die Löwengrube“, wird gekämpft und gerungen und die zukünftige Richtung bildet sich durch das Kennenlernen des Gegners und zunehmend auch von einem selber heraus. Am Ende dieser Phase ist unser abgekämpfte Held gereift und dem Schutzraum der Mutter entwachsen. Das Ziel ist klar und illusionslos formuliert und er ist auf die Umsetzung seines Vorhabens eingestellt. Es gibt jetzt kein Zurück mehr. Der folgende *Mittwochsabschnitt der Geschichte* ist der weiteren Verfolgung des Zieles vorbehalten.

Diese konsequente Ausrichtung auf ein Ziel führt in der Regel zur Verhärtung, denn die Welt ist groß, zu groß für einen alleine, und nicht alle unterstützen unser Anliegen. Irgendwann bricht im Laufe des Mittwochsabschnitts der Held dann auch immer rat-und kraftlos zusammen: Es geht nicht weiter ...

Das ist die Stunde der Kröten, Zwerge und Feen: Die unerwarteten Helfer, die einen für würdig betrachten, Hilfe zu empfangen. Ihre Aussage im *Donnerstagsabschnitt*: Werde demütig, gebe Dich dem Unscheinbaren hin, ordne Dich ins Ganze ein, vertraue dem Schicksal, erkenne, dass Du es niemals alleine schaffst. Manchmal müssen die Helden dann, im Sinne ihres Zieles, unsinnige Sachen tun, Wege

einschlagen, deren tieferen Sinn sie nicht verstehen. Ihr Verstand führt sie an dieser Stelle nicht weiter. Sie müssen lernen, Gott und dem Schicksal zu vertrauen.
„Wie geht es DIR?“ lautet dann auch schließlich der Schlüsselsatz im “Parsival”. Erst in der Begegnung und dem Sich-Einlassen auf den Anderen reift der Held und sein Vorhaben zur Vollendung.

Etwaige Widersacher sind nun im *Freitagsabschnitt der Geschichte* integriert und die „Heilige Hochzeit“ kann stattfinden. Der Held hat seine Mission erfüllt und ist bei sich und in der Welt angekommen. Vielleicht oder bestimmt nicht ganz so, wie er es sich anfangs ausgemalt hatte, aber dafür „mit Leben begabt“ (Rudolf Steiner), das dann vom Helden in der Hochzeitsnacht auch weitergegeben wird.

Der Rest der Woche ist im *Samstagsabschnitt* dem Ausruhen und Aufräumen vorbehalten, um schließlich in das erträumte Paradies, den *Sonntag*, zu gelangen:. In völligem Frieden mit sich und der Umwelt, im Kreis der Lieben, an einem warmen, sonnendurchfluteten Ort.

Und wenn sie nicht gestorben sind...

Und wenn es nicht so kam im wirklichen Leben? Wenn ich oder der Held manche Prüfung nicht bestand, oder von den hilfreichen Zwergen nicht als würdig oder reif genug empfunden wurde?

Dann werde ich am Freitagnachmittag unruhig und wandere wieder los, um dem Unerledigten nachzuspüren. In aufkommender Nacht, aber um die Sonne wissend, die den Mond dort oben so hell leuchten lässt!

DER WEG DURCH DIE WOCHE ALS DER WEG DES HELDEN

„Jedem Anfang wohnt ein Zauber inne.“

(Hermann Hesse)

Ist es nicht herrlich? Die neue Woche beginnt! Und damit sieben Tage, nach denen meine Welt ein Stück weit anders aussehen kann. Was gibt es Schöneres, als sich auf den nächsten Sonntag zu freuen, an dem ich aller Voraussicht nach in Frieden zurückblicken kann auf eine bewegte, volle Zeit, in der ich meinem Inneren, dem Äußeren, Widerständen, Wundern, Freunden, Feinden, Wut und der Liebe begegnet bin … und erfahren durfte, was mich wirklich trägt und glücklich macht.

Ich möchte Lust machen auf den Weg durch eine solche Woche: Die Woche, bewusst im Sinne der Wochentagsqualitäten gelebt und in all ihren Facetten erfahren, ist immer ein Abenteuer-Parcours mit Schwellenerlebnissen. Sie ist immer wieder eine Reise in meine Vergangenheit, Ängste und Sehnsüchte und führt mich, richtig gelebt, zuverlässig an meine Schwellen. Was für eine Reise, was für ein Abenteuer! Und wie befreiend!

Die Verwandlung der Wirklichkeit

Eine solche Reise will gut durchdacht sein, und wie der Wanderer, der sich auf den Weg macht, sind auch wir am Montag aufgefordert, diesen Weg zu planen.

Da wir schon länger auf unserem Weg sind, starten wir nicht jedes Mal von Null, sondern gehen nur eine weitere Etappe. Wie ein Wanderer am Anfang einer Tour kreieren wir am Montag ein Ziel, schreiben Zwischenziele auf, planen Rastorte und sortieren die Wegstücke nach Schwierigkeit und Gefahren.

Wir bereiten uns vor.

Wir schauen, wo wir uns gerade befinden (in welchem Jahrsiebt, in welchem Jahr), welche Ziele wir schon erreicht haben und welche noch ausstehen oder ob diese Woche eine mit neuen Herausforderungen sein soll oder eine leichtere, um etwas Abstand zu gewinnen. Jede Woche ist anders und ich bin jedes Mal neu aufgefordert, mich auf eine etwas veränderte Situation einzustellen. So wie der Wanderer sich auch immer wieder je nach Wetterlage und Beschaffenheit der Gegend neu orientieren und seine Kräfte einteilen muss.

Der Weg des Helden

Oder soll ich sagen, wie der Krieger? Denn die Woche beginnt, wie wir wissen, am Dienstag gleich mit der herausforderndsten Aufgabe, dem Durchbrechen des größten Widerstandes, dem, wovor ich am meisten Angst habe. So aber habe ich dann für den Rest der Woche mein Angstthema aus dem Kopf und ich bin davon befreit. Und: Am Anfang sind meine Kräfte noch frisch. So bin ich, falls etwas Unvorhergesehenes passieren sollte, dann besser in der Lage, meine weiteren Pläne noch anzupassen, als wenn ich mich erst ganz am Ende der Woche der größten Herausforderung stelle. Man kann sagen, dass sich am Dienstag das Gelingen der Woche zum großen Teil entscheidet. Der Rest der Woche ergibt sich aus diesem Tag, an dem ich den zentralen Impuls gesetzt und eventuell korrigiert habe.

Ziele sind gut zum Losgehen; dem Ankommen stehen sie im Weg.

Den ersten Teil der Woche muss ich also aktiv sein und mutig, den zweiten Teil aber tue ich gut daran, mich in Hingabe und Demut zu üben, denn Ziele sind zwar gut zum Losgehen; dem Ankommen aber stehen sie im Weg!
Denn, und das weiß ein Held, alles Wichtige im Leben wird einem letztendlich geschenkt, wie das Leben und die Liebe,

gesunde Kinder oder ein leichter Tod. Ich kann es mir nicht erarbeiten, erkaufen oder erzwingen. Ja, ich würde sogar sagen: Alles was ich mir erarbeitet, erzwungen oder gekauft habe, macht mich nicht wirklich auf lange Sicht glücklich und frei, sondern nur das, was mir von alleine zufiel, was mir von außen aus freiem, „heiterem" Willen oder Himmel herangetragen, geschenkt, wurde. So habe ich letztens gelesen, dass in Russland die Menschen, die sich ihren Wohlstand erarbeitet haben, weniger hoch angesehen sind, als das „Goldkind", dem dieser von alleine zufiel.

Also: Was sich nicht, nachdem ich es am Donnerstag losgelassen hatte, wieder von selbst einfindet, ist der weiteren Mühe nicht wert, lautet die einfache Erkenntnis. Es verhält sich da so wie mit der Quadratur des Kreises: Ich kann mich abmühen und versuchen, den Kreis aus immer feineren und kürzeren Geraden zu konstruieren. Aus geraden Linien (und wir können nur gerade oder zielgerichtet denken), und sind sie noch so kurz, bekomme ich jedoch keinen wirklichen Kreis, keine runde Sache hin. Damit der Kreis rund wird, muss noch etwas passieren... es fehlt noch die Gnade zum letzten Glück. Ich kann keinen Kreis konstruieren. Er kann mir nur geschenkt werden!

Der Weg durch die Woche erfordert also nicht nur den beherzten Sprung in die Löwengrube und das sich Messen mit *äußeren* Gegnern, sondern in der zweiten Hälfte auch das sich bedingungslose Ausliefern ans Ganze und Annehmen des Ist-Zustandes... und damit das Überwinden von *inneren* Widerständen.

Wenn das alles keine Aufgaben für einen Helden sind!

DIE WOCHE ALS RITUELLER RAUM

„Nicht die Einmaligkeit sichert den Erfolg, sondern ein bewusst wiederholtes Umkreisen der Dinge.“

(Gernot Candolin)

Im Gegensatz zum säkularen Raum achten wir im rituellen, der oft auch als heilender Raum bezeichnet wird, ganz bewusst auf unsere Gefühle.

Wir können die Woche durchaus in diesem Sinne als einen rituellen Raum bezeichnen, zumal das Wort „rituell“ sich sprachgeschichtlich auch noch von „fügen, zusammenfügen“ ableitet. Denn unser Wochenaufbau ordnet ja jedem unserer Gefühle zeitlich den Platz zu, an dem es jeweils seine zur Heilung drängende Wirkung voll entfalten kann. Unser Wochenaufbau stellt unsere Gefühle in einen für den Ganzwerdungsprozess sinnvollen zeitlichen Zusammenhang.

Was sind nun die Merkmale eines rituellen Raumes? Was zeichnet einen rituellen Raum im allgemeinen und den rituellen Raum „Woche“ im Speziellen aus?

Nun, zuerst einmal die klare Formulierung von Wünschen vor dem Betreten (das tun wir am Montag) und eine Eingangsschwelle am Beginn (ins Abenteuer springen wir am Dienstag).
Desweiteren beinhaltet ein ritueller Raum eine klare zeitliche Unterteilung (die sieben Wochentage) und ein Ziel: Den Sonntag, der als Endpunkt der Woche immer auch einen

Festcharakter hat... was wiederum ein wesentliches Merkmal für das Ende eines Rituals darstellt.

Soweit zum äußeren Aufbau; das bloße Vorhandensein einer äußeren Struktur reicht aber nicht aus. Entscheidend ist die innere Einstellung, soll das Durchschreiten des rituellen Raumes „Woche" seine heilende Wirkung voll entfalten.

Wichtig ist hier vor allem die Erwartungshaltung, in der ich ihn betrete. Wer sich auf den bewussten Gang durch die Woche einlässt, muss jeden Tag als etwas Besonderes erleben wollen. Dementsprechend sollten wir ihn in Stille und „erwartungsvoller Disziplin" (Robert Bley) angehen. Die wöchentliche oder auch tägliche Montagsstimmung am Morgen des jeweiligen Tages hilft uns dabei.

Desweiteren ist das Bewusstsein dafür wichtig, dass zu jedem Zeitpunkt jeder Schritt mit allen anderen auf der geistigen Ebene verbunden ist, auch wenn sich die Zusammenhänge oft erst im Nachhinein zeigen. Deswegen wird das Durchwandern eines rituellen Raumes ja auch als Heiliges Wandern bezeichnet: Man ist immer verbunden mit allem und Teil des Ganzen.

Daraus ergibt sich schließlich eine weitere Voraussetzung für das Gelingen unseres Weges: Wir sollten einen rituellen Raum immer demütig betreten. Selbst wenn wir beispielsweise am Dienstagmorgen aufgefordert sind, keinem Streit aus dem Weg zu gehen, was ja der Demut eigentlich widerspricht, sind wir aufgefordert, das immer in dem Bewusstsein zu tun, dass auch die Durchsetzung unserer ureigenen Interessen zu diesem Zeitpunkt letztendlich im Rückblick immer nur dem Ganzen gedient hat.

Verbunden mit den Ahnen

Wenn ich davon spreche, dass wir immer mit dem Ganzen verbunden sind, dann bezieht sich das nicht nur auf die Verbindung von materieller und spiritueller Welt, sondern insbesondere auch auf die Verbundenheit der Welt der Lebenden mit der der Toten.

So wird im Ritual immer auch eine kraftvolle Verbindung gespannt zur Welt der Ahnen. Heutzutage erfahren ja auch in unserem Kulturkreis immer mehr Menschen bei Familienaufstellungen und ähnlichem, dass die Welt der Toten und der Lebenden nicht in der Weise getrennt ist, wie wir es häufig annahmen. Vieles was wir tun, spüren, erleiden oder auch uns vornehmen, hat mit unserer Familiengeschichte zu tun und ist immer auch eine Antwort auf unsere Vergangenheit. Die Schicksale meiner Vorfahren bestimmen mein heutiges Fühlen und Handeln mit, ob es mir bewusst ist oder nicht. Ich betrete jede Woche also immer auch aus einer tiefen Vergangenheit heraus, und bewege mich in ihr die ganze Zeit über in einer kraftvollen Verbindung zu dem Vorhergegangenen.

Der Gute Rhythmus

Verbunden mit dem Ganzen und der Vergangenheit, ist es uns aufgrund der großen Komplexität letztendlich unmöglich, all unsere Stimmungen und daraus resultierenden Entscheidungen immer bis ins Letzte nachvollziehen zu können. Letzten inhaltlichen Halt werden wir deswegen nur schwer finden. Wie beruhigend und tröstend, aufbauend und herzerwärmend, aber wirken auf dieser Reise ins Unbekannte immer wieder gleichbleibende und sich regelmäßig wiederholende Rituale, die uns einbetten in einen vertrauten „Guten Rhythmus", der uns über so manch schwere Zeit hinwegträgt. Die Freude auf das Sonntagsessen mit der Familie beispielsweise oder das regelmäßige Fussballspielen mit den Kindern am späteren Mittwochnachmittag kann selbst so manch ansonsten vielleicht trübe Woche erhellen.

Dabei klingen Ritus und Rhythmus nicht zufällig ähnlich: Rhythmus hält letztendlich jeden rituellen Raum zusammen und ist vielleicht auch sein charakteristischstes Merkmal!

DIE WOCHE UND DAS ALTE LABYRINTH

Wir müssen nicht bleiben, die wir sind.

Wenn wir vom „Weg des Helden“ sprechen, müssen wir auch vom Labyrinth, dem Symbol für Verwandlung schlechthin, sprechen. Denn die Redewendung „Der Weg des Helden“ stammt aus diesem Kontext. Und vielleicht ist das Ur-Labyrinth der Kreter mit seinen sieben Wendungen tatsächlich das beste Bild, uns das Wesen der Woche am treffendsten vor Augen zu führen. Der Weg, der uns über sieben Wendungen in unsere Mitte führt!

Dabei ist das Labyrinth nicht zu verwechseln mit dem aus Italien stammenden „Irrgarten“, der bei uns im 18. Jahrhundert in Mode kam, und in erster Linie dazu diente, sich zu „verirren“ um ungeplante Begegnungen zu haben und sich zu „zerstreuen“. Also durchaus ein geeignetes Spiel für den Donnerstag, aber kein Ritual, das den Charakter der Woche abbildet.

Beim Labyrinth ist im Gegensatz zum Irrgarten der Weg vorgegeben. Wie bei der Woche, in der wir uns ja auch nicht aussuchen können, ob wir am nächsten Tag lieber einen Montag oder einen Freitag haben wollen, ist der ursprüngliche „Weg des Helden“ der vorgegebene Weg durch die Wendungen des Labyrinths bis in dessen Mitte und danach denselben Weg wieder hinaus. Es gibt demnach keinen richtigen oder falschen Weg, den man nehmen könnte: Es kommt nur darauf an, ihn zu gehen.

Der Weg beginnt mit dem Entschluss, sich auf das Labyrinth, das ja häufig im Gegensatz zum mit Hecken gestalteten Irrgarten nur auf den Boden aufgemalt ist, einzulassen, geht irgendwann aufgrund des ständigen Umkreisens der Mitte erst in Ungeduld und schließlich in resignative Gelassenheit über, und endet schließlich unausweichlich im Zentrum.

Das Gehen von Labyrinthen, wobei die meisten wesentlich mehr Wendungen haben als das ursprüngliche auf Kreta, viele sind dem berühmten Labyrinth von Chartres nachempfunden, ist ein gutes Ritual zum Einstieg in die Woche, ja in die ganze Thematik zum Rhythmus unserer Seele überhaupt: Es macht demütig, erfordert Disziplin, führt zu Gelassenheit und... ganz sicher in die Mitte. Alles Qualitäten und Gewissheiten, die wir beim Durchschreiten der Woche auch gut gebrauchen können.

Wer schon mal anderen beim Durchschreiten eines Labyrinths zugeschaut hat, vielleicht sogar, wenn sich mehrere Personen gleichzeitig im Labyrinth befanden, wird sicherlich nachempfinden können, wenn Gernot Candolin in „Das geheimnisvolle Labyrinth" schreibt: „Der Weg erschließt sich dem außenstehenden Betrachter nicht, und auch für den, der ihn geht, bleibt vieles unübersichtlich." Und er fährt Mut machend fort: „ Aber die Mitte steht am Ende des Weges, und wer das Ganze überblickt, staunt über seine Vollkommenheit und Schönheit. Von dieser Schönheit ist jedes menschliche Leben letztendlich gehalten."

Betreten wir nun also die Woche mit ihren Wendungen: Mit ihrem Montag, ihrem Dienstag, ihrem Mittwoch, ihrem Donnerstag, ihrem Freitag, ihrem Samstag und ihrem Sonntag. Schauen wir sie uns an wie ein Labyrinth, das vor uns liegt, und machen wir uns immer wieder bewusst, dass die Bezeichnungen der einzelnen Wochentage nicht zufällig gewählt worden sind, sondern dass hinter jeder der sieben „Wendungen der Woche" uns ein neuer Tag mit seiner besonderen Qualität und Schönheit und seiner ganz eigenen Aufforderung ans Leben erwartet!

DIE EINZELNEN WOCHENTAGE UND IHRE HERAUSFORDERUNGEN

Gehen wir also los: Betreten wir die Woche und folgen wir der ersten Biegung. Da liegt er vor uns, der Montag!

Aber halt! Bevor wir losgehen doch noch eine Bemerkung:

DIE BEDEUTUNG VON PAUSEN

„Das Leben besteht aus Eseltreiben und der Ewigkeit im Augenblick." (Max Frisch)

Es gibt einen Raum in uns, in dem wir alles wissen. Manchmal, wenn es ganz still ist, in diesem Zustand zwischen Wachen und Träumen, spüren wir in ihm, dass alles zusammengehört und dass das Leben kein Wettrennen ist, sondern dass es vielmehr darauf ankommt, seine Mitte zu finden. „Der Punkt in Dir, der alles weiß" nennt der Indianer Art Reade diesen Ort.

Sind wir dort angekommen, entspannen wir, weil es dort nichts mehr zu erreichen gibt. Tiefenentspannen wir, weil alles Äußere, an Ort und Zeit Gebundene, dort seine Bedeutung verloren hat. Es ist, als schwebten wir in der Ewigkeit. Wir werten nicht mehr, wir sortieren nicht mehr, machen keine Pläne mehr: Wir sind im Zustand der Zeitlosigkeit. Wir lassen los. Es ist gut.

Wir kennen diese Momente nach dem Aufwachen, während und nach dem Essen, nach Zeiten großer Anstrengungen. Wir brauchen sie in Form von Urlauben (im Wort steckt schon das sich zurückziehen in die „Ur-Laube", in mein Innerstes), aber auch in Form von bewusst eingelegten Pausen über den Tag oder die Woche verteilt. Sie sind die Kehrseite unserer Aktivität im Außen und der geschützte Raum, den unsere Seele braucht, ihr Werk im Unbewussten zu verrichten. Pausen sind der Ort, in dem wir mit unserem zielgerichteten Tagwerk innehalten und unserer Seele die Gelegenheit geben, mit dem Kosmos zu kommunizieren.

In den Pausen halten wir so Verbindung zu unserer innersten Quelle. Und tatsächlich ist es oft so, dass gerade in diesen Pausen uns die Lösungen einfallen, nach denen wir schon lange suchten. Ich habe von jemandem gelesen, der sich bitter beklagte, weil er von seinem Arbeitgeber keine Dusche in sein Büro eingebaut bekäme. Der Schaden wäre unermesslich, meinte er, denn dadurch würden dem Unternehmen seine besten Einfälle entgehen.

Und es simmt ja auch: Die besten Ideen kommen uns in der Regel nicht in der *An*spannung, sondern beim lösenden *Ent*spannen in der Badewanne oder beim unbeschwerten Puzzeln mit den Kindern.

Wir können diese Pausen kultivieren durch bewusstes Schweigen, Rückzug in die Stille oder in die Natur, Spazierengehen, langes Duschen oder auch Rituale wie dem Fünf-Uhr-Tee. Auch das Musizieren, eine meiner Lieblingspausenbeschäftigungen, oder auch meditativ durchgeführte Hausarbeiten zwischendurch, die einen für einen Moment rausholen wie das entspannte Putzen oder Bügeln können eine "Ewigkeit im Augenblick" erschaffen. Ich mache zum Beispiel gerne zum Erstaunen meiner Familie den Abwasch. In warmem Wasser ohne Druck das Geschirr säubern hat für mich eine ungemein beruhigende Wirkung.

Der Montagvormittag hat etwas von einer solchen Pause. Weitere Pausen werden in der Woche noch folgen. Und auch wenn sich der Charakter der Tage und entsprechend auch die Vorschläge für die Pausengestaltung ändern, haben alle Aktivitäten einen Wunsch gemeinsam: Sich aus der Hektik des Alltags zu befreien und loszulassen, um einfach näher bei sich zu sein, an dem Ort in mir, der sowieso schon alles weiß.

Doch nun geht's los!

MONTAG

Instinkt und Gefühl

Es ist Vollmond. Es liegt etwas in der Luft. Ich empfinde eine Spannung und bin innerlich aufgeregt. Ich spüre: Es ist noch nicht alles erledigt. Es liegt noch eine Aufgabe vor mir und diese zieht mich weiter...

Ähnlich wie der Mond das Sonnenlicht des kommenden Tages reflektiert, klingt der kommende Sonntag schon im Montag an. Einiges werde ich noch in meinem Leben vermissen, einiges aus der letzten Woche wird es geben, worauf ich weiter aufbauen möchte, anderes werde ich loslassen wollen. Das sind manchmal nach dem prallen letzten Sonntag erst einmal nur diffuse Gefühle, denn häufig ist nichts schwieriger, als zu erkennen und auszudrücken, wie es einem wirklich geht und was genau einem eventuell fehlt. Habe ich an alles gedacht, was mir wichtig ist, was zu mir gehört?
Montagvormittag ist immer eine Reise in mein Innerstes, meine Seele, meine nicht gelebten Träume... und meine Ängste, wobei unsere Ängste häufig mit Vergessenem und Verdrängtem Hand in Hand gehen. So gleicht das „Sich-den-Ängsten-stellen" oft „Dem-Verdrängten-einen-Platz-geben".

„Grippezeit"

Ich folge ganz meinem Instinkt, ziehe mich in mich zurück… und brüte etwas aus. Nicht umsonst ist der dem Montag zugehörige Jahresabschnitt des Spätherbstes auch bei vielen die Zeit der Grippe, die einen ins Bett zwingt. Störungen von außen mag ich deswegen am Montagmorgen ganz und gar nicht: Ich brauche Raum und Zeit für inneres Erleben und ich bin gereizt, wenn ich aus meinen Gedanken gerissen werde. Das Erlebte der letzten Woche will in Ruhe eingeordnet und auf seinen Platz gestellt werden.

Da passen im Außen gut Tätigkeiten dazu, die dem Spätherbst entsprechen und die in einer besinnlichen Stimmung auch alleine durchgeführt werden können wie das Verwerten und Haltbarmachen der Ernte, das Aufräumen, das Einmachen, das Einordnen.

„Montagsmalen"

Montags bin ich aufgefordert, mir auszumalen, wie ich in Zukunft sein und leben will und mit passenden Begriffen klar meine Wünsche zu formulieren. Denn nur was ich konkret benennen und beschreiben kann, kann ich später auch anpacken und verändern. „Man soll sich nicht für den Job kleiden, den man hat, sondern für den, den man haben möchte." sagte einmal der Modeschöpfer Georgio Armani. Das lässt sich auch gut auf den Montag übertragen: Ich male mir aus, wonach ich mich sehne, und nehme mir so innerlich die erwartete Zukunft vorweg. Ziehe mich vielleicht sogar schon entsprechend an...

Bereit für den Sprung in die Löwengrube

… und werfe Ballast ab, der gleichsam vom Herbstwind davongetragen wird. Denn mir ist klar, dass ich nicht die ganze Schönheit und Fülle des letzten Sonntags mit in die kommende Woche nehmen kann… und manches vielleicht auch nicht will.
Jetzt muss ich mich entscheiden, was mich durch die kommende dunkle Winter- und Kriegszeit wirklich trägt. Nur

das kann ich mitnehmen auf meinem weiteren Weg, will ich leicht und beweglich sein für die kommenden Aufgaben. Denn hinter der nächsten Biegung wartet der Dienstag, die Löwengrube, der wirkliche Beginn der neuen Woche!

„Mich wirklich trägt“: Der Montag ist der Tag in der Woche, an dem ich mir immer wieder bewusst machen muss, dass ich mein ganz bestimmtes, einmaliges Leben führe und dass mit dem Dienstag jetzt wieder der Zeitpunkt naht, meine inneren Vorstellungen dem Außen entgegenzustellen. Hab ich das geschafft und akzeptiert, fühle ich mich plötzlich *wohl* in der mir anfangs vielleicht eher unheimlichen Vollmondnacht, pur und lebendig. Voller Entschlossenheit und Vorfreude, verheißt sie mir doch das Abenteuer, das mich der Erfüllung meiner Wünsche näherbringt.

Ganz oder gar nicht

„Bin ich gut für kommende Schwierigkeiten vorbereitet?“ Das letzte Wegstück des Montags hat eine sehr männliche Energie, denn jetzt rückt die Zeit des Aufbruchs, um Strukturen und Althergebrachtes zu verändern, näher.

„Wenn du den Feind und Dich selber kennst, brauchst du den Ausgang von hundert Schlachten nicht zu fürchten. Wenn du weder den Feind noch dich selbst kennst, wirst du in jeder Schlacht unterliegen.“, sagte der berühmte chinesische Stratege Sunzi. Also formuliere ich klare Ziele und benenne Gegner und Umstände, die sich mir, so erwarte ich es zumindest, Dienstag in den Weg stellen werden.

Doch muss ich wirklich in die Schlacht?

Ja, denn was man nicht vermeiden kann, muss man betonen! Und vor mir selber kann ich letztendlich nicht wegrennen. Also: Wovor habe ich am meisten Angst? Wie genau wird er aussehen, der Drache der sich mir in den Weg stellen wird? Ich schleife mein Schwert, entwickle einen Plan, bereite mich sorgfältig vor.

Am Ende des Montags ist es ganz still: „Shirkana“ nennen die Kirgisen diesen Zustand des noch einmal Atemholens und Kräftesammelns vor einer Unternehmung. Ich genieße bewusst die letzten schönen montäglichen Augenblicke der Ruhe. Nicht umsonst entspricht der Montagnachmittag dem „Altweibersommer“ im Oktober.

Doch nun geht's los! Aber: Muss ich mir das wirklich antun? Nun, Abenteuer bezahlt man halt mit Angst, hab´ ich mal gehört. Nun gut, ich mache mich bereit… und gehe mit Schwung um die nächste Biegung!

KURZE ZUSAMMENFASSUNG DES MONTAG

Ziele des Montag

- Die alte Woche ausklingen lassen und abschließen
- Verbleibende Sorgen entdecken und Lösungsbilder entwickeln / Wunschbilder visualisieren („Montagsmaler“)
- In die kommende Woche hineinspüren und Wochenziele setzen

Grundstimmung

- In die Seele tauchen / verträumt
- Zweifelnd
- Gegen Abend: Entschlossenheit / „Schiffe verbrennen“, um sich die Möglichkeit eines Rückzuges zu verbauen / Trennen von altem „Ballast“

Typische Montags-Fragen

- Was macht mir am meisten Sorgen?
- Welche Situation will ich auf jeden Fall aus Angst vermeiden?
- Wie und in welcher Umgebung stelle ich mir den perfekten nächsten Sonntag vor? Welche Vision treibt mich an?
- Vor welchem Gegner habe ich am meisten Angst?

DIENSTAG

„Was immer Du tun kannst oder erträumst zu tun, beginne es!“
(Johann Wolfgang von Goethe)

Fürchte Dich vor keinem Streit!

Der Dienstag beginnt mit einem Knall. Es beginnt. Augen zu und durch! Immer der Angst nach! Ich missachte vergangene Erfahrungen und daraus resultierende Erwartungen. Etwas Hartes wird durchstoßen. Es entsteht Bewegung. Ich durchbreche den Damm!

So befinde ich mich am Anfang des Tages des Kriegsgottes Mars in einer Situation, die ich in der Vergangenheit immer tunlichst vermieden habe. Doch jetzt, da ich begonnen habe, muss ich mich gezwungenermaßen bewegen. Denn ich habe den eigenen Ball ins Spiel gebracht, althergebrachte Regeln und Besitzstände durchbrochen. Jetzt kommt ganz sicher Streit auf!

Aber ich merke, wie Lebendigkeit in mir aufsteigt, meine Lähmung von mir abfällt. Wie ich mit Lust in den „geklauten Apfel beiße“.
Ich provoziere. Ich verrücke Grenzen und zwinge den anderen zur Reaktion.

Ich bringe meine Wünsche mithilfe meines Körpers „auf die Straße“. Ich sage „nein“ zu dem, was mich umgibt. Ich greife an. Ich bin in die Löwengrube gesprungen.

Ich ringe mit dem Gegner um die Krone. Ich messe mich. Jetzt kann es nur einen geben. Ich kämpfe um *meinen* Platz im Leben. Genug der Ruhe um der Ruhe willen, ich will Frieden, keine Ruhe! Ich will gelten, gesehen werden. Das ist mein Recht. Ich kämpfe um die Krone und das Zepter, um mein Leben. Ich drücke nieder, was mich niederdrückt.

Heißt es nicht: Ein Schiff das im Hafen liegt, ist sicher, aber dafür sind Schiffe nicht gebaut? Richtig! „Im Eifer des Gefechts" denke ich gar nicht mehr an die Ängste, die mich früher zurückgehalten haben. Ich fühle mich lebendig. Ich habe den Fluss befreit und spüre, wie sich das Leben durchsetzt. Mein Jagdinstinkt ist geweckt, ich erobere. Und es kommt mir „Es ist ein fröhlich´ Ding um den Krieg..." aus früheren Rittergeschichten in den Sinn, die ich gelesen habe. Ich merke, wie ich in die Unterwelt hinabgestiegen bin und meine oft unterdrückten Schatten lebe: Ich bin rücksichtslos und tanze, während mein Schwert all das auseinanderschneidet, was unpassender Weise verbunden war!

Die Kraft der neuen Grenzen

Habe ich gewonnen oder habe ich verloren? Es ist nicht mehr wichtig. Ich merke, dass es nicht wichtig ist zu siegen, sondern allein, den Schritt in die Gefahr *gemacht* zu haben. Das hat schon alles verändert. Ich bin in der Welt, weil ich die alten Grenzen in Frage gestellt und gekämpft habe. Ich bin verjüngt. Ich habe Tabus gebrochen und dabei hat sich in mir das neue Ideal angefangen zu formen.

Der Dienstag ist der Kriegstag der Woche, der Tag, an dem ich „nein" sagen und keine Kompromisse machen darf. Nur so komme ich in die notwendigen Konflikte, die ich benötige, um mich und meine Grenzen zu spüren und zu erkennen, welche Grenzen im Außen real sind und welche sich als

Illusionen entpuppen. Am Dienstag überwinde ich meine Angst davor, mein Leben zu leben.

Ziel der Dienstagsphase ist es, sich von seinen Illusionen zu befreien und einen klaren Blick auf das zu erlangen, was zu einem gehört und was nicht. Dazu dient mir die Auseinandersetzung mit einem Gegner, damit meine „morschen Äste", alles das was nicht mehr trägt, weggebrochen wird.

Und ich weiß: Die Gegner finden sich nicht zufällig ein. Alles was mir jetzt begegnet, ob Menschen oder Ereignisse, lässt sich besonders gut als Spiegel der von mir noch unbewussten Seiten meiner Selbst nutzen.
Fürchte ich mich vor keinem Streit und lass mich auf die Auseinandersetzung mit meinen eigenen Schatten und Spiegeln ein, bin ich am Dienstagabend abgekämpft und geklärt. Denn im konzentrierten Ringen mit dem anderen wurde ich mir meines eigenen Wesens, meiner Stärken, Schwächen, Eigenarten und damit meines Platzes im Kontext mit den anderen bewusst. Und indem ich mich für etwas in Gefahr begeben habe, ist mir deutlich geworden, was mir so wichtig ist, dass ich sogar bereit war, dafür „durchs Feuer zu gehen". Jetzt weiß ich, wer ich bin und ich bin nun zweifelsfrei in der Lage, laut und unmissverständlich zu sagen, was ich will.

Am Ende des Dienstags bin ich in Frieden... und in meinem Körper angekommen. Ich fühle mich wie neugeboren. Eine selige Stimmung liegt über mir. Ich erinnere mich: Im Jahreslauf entspricht das der Stimmung im Dezember. Weihnachten!

Nach einer erholsamen Pause gehe ich in dieser Stimmung die nächste Kehre und betrete den Mittwoch.

KURZE ZUSAMMENFASSUNG DES DIENSTAG

Ziele des Dienstags
- Trennung von Illusionen
- Bindungen kappen von etwas, was nicht zusammengehört / Grenzen verändern
- Selbstbehauptung
- Formulierung der Vision

Grundstimmung
- Streit / Sich der Gefahr aussetzen / „Nein“ sagen /“Einbrechen“
- Abenteuer / Eroberung / Sexualität
- Aufrecht / anregend / impulsiv / feurig / unverschämt

Typische Dienstags-Fragen
- Wo ist mein Gegner und wie erreiche ich ihn?
- Wie wird mein Gegner jetzt reagieren?
- Was habe ich aus der Konfrontation gelernt? / Welche Ziele bleiben realistisch, welche sind nicht durchsetzbar? Wo komme ich weiter?
- Was sind meine Stärken und Schwächen?

MITTWOCH

„Lotse, Du darfst jetzt nicht schlafen, vor der Küste liegt ein Schatz!"
(Else Hueck-Dehio)

Auf die Erde bringen

Gekämpft habe ich nun wirklich und dazu habe ich jetzt keine Lust mehr.
Durch das Kämpfen und das damit verbundene Überwinden etwaiger Illusionen habe ich aber die Gefahr einer Depression umschifft, die am Mittwoch droht und die manche vielleicht aus dem dem Mittwoch zugeordneten Zeitraum des Januar kennen. Diese stellt sich nämlich oft dann ein, wenn ich mir halt nicht ganz deutlich am Ende des Dienstags klar gemacht habe, welche Pfähle es nun einzurammen gilt.

Meine Ziele und Grenzen sind mir jetzt also klar. Ich bin jetzt konstruktiv. Am Mittwoch richte ich mich in der Welt ein und versuche, das Bild des quirligen Merkur vor Augen, mit Zähigkeit und Geschick, Charme und Witz meine Interessen so weit wie möglich durchzusetzen.

Es wird konkret und entgegen der hitzigen Stimmung am Dienstag wird jetzt von mir Geduld verlangt. Und auch eine gehörige Portion Sturheit ist vonnöten, denn schließlich habe ich mich überwunden und aufgemacht, und ich möchte nun auch entsprechende Ergebnisse sehen, lebendig und kraftvoll, wie ich mich fühle.
Wie viele andere um mich herum auch, wie ich sehe. Es geht hektisch zu. Ich muss beweglich sein und kompromissbereit,

will ich meinen Gründungsimpuls fortführen und meine Anliegen auf die Erde bringen.

„Machen, was geht"

Und es soll funktionieren; abgesichert und zuverlässig. Es soll erkennbar sein, wofür ich stehe, was mir heilig ist und was mich ausmacht. Es soll um mich herum meine erkennbare Ordnung herrschen.

Aber ich möchte im Gegensatz zum Dienstag jetzt integriert sein in die Gemeinschaft und bin nun für Kritik offen. Trotzdem bin ich ernst, ja fast verbissen, mit der Umsetzung und Implementierung meiner Anliegen beschäftigt. Leidenschaftlich oder gar euphorisch bin ich nicht mehr. Nach außen wirke ich jetzt eher konservativ, besorgt, ein bisschen pessimistisch. Es wird zäher, merke ich, und der Weg bis zur nächsten Biegung zieht sich.

Gegen die Verfestigung

Doch, auch wenn ich mich ganz auf die Gegebenheiten einlasse und mich nur auf meine Stärken und Ziele konzentriere und dadurch meine Kräfte spare, merke ich, dass meine Konzentrationsfähigkeit im Laufe des Mittwochs mit der Zeit anfängt zu schwinden. Und so wirklich geht vieles auch nicht voran. Alles scheint etwas zu erstarren.

Und ich schaue mich um: Überall wird am Mittwochnachmittag auf den öffentlichen Wiesen Fußball gespielt und in vielen Orten schließen die Geschäfte. „Die Kinder heben am Mittwochnachmittag ab." sagten mir einmal Lehrer auf einem Seminar. Ja, das verstehe ich. Man lässt irgendwann, wenn es nicht mehr geht, los. So kann man zumindest schon mal spielerisch die Tore schießen, die mir „im richtigen Leben“ vielleicht noch verwehrt sind.

Und heute weiß ich, dass das auch gut so ist: Denn erst müssen unsere eigenen Bilder und Vorstellungen von der Welt noch durch den Donnerstag wandern, der nochmal alles auf den Kopf stellen wird, indem er uns in größere Zusammenhänge stellt und alles nochmal durchrüttelt, um uns so schließlich „mit Leben begabt“, in den Tag der Liebe, des Friedens und der Freiheit, den Freitag, zu entlassen.

Entsprechend gestaltet sich der Mittwochabend (auf das Jahr bezogen, entspricht dieser unserer Karnevalszeit): Tanzen, raus gehen, aus mir rausgehen, vielleicht verkleiden, loslassen. Es gut sein lassen. Alles nicht so ernst nehmen. Aufgehen in etwas Größerem. Die Strenge abfallen lassen. Und da stehe, oder besser, tanze ich... am Mittwochabend. Angekommen bei mir und bei den anderen. Wirklich in der Mitte!

KURZE ZUSAMMENFASSUNG DES MITTWOCH

Ziele des Mittwochs
- Ziele umsetzen
- Anliegen auf die Erde bringen
- seinen Platz finden

Grundstimmung
- Bewegung / Kompromisse / Sich arrangieren / Verhandeln
- Sport am Nachmittag als Mittel gegen „Verfestigung“

Typische Mittwochs-Fragen
- Wie kommen wir zu einer schnellen und tragenden Einigung
- Wie kann ich es ausgestalten?
- Wann kann ich nicht mehr und sollte loslassen

DONNERSTAG

„So stand ich einst vor dir, dich anzuschauen. Was hätt´ ich sagen sollen? Mein ganzes Wesen war in sich vollendet."

(Johann Wolfgang von Goethe)

Tanzend nähere ich mich der nächsten Wendung. Tanze weiter in den Donnerstag. Im Jahreslauf entspricht diese Wegstrecke dem aufkeimenden Frühling und entsprechend leicht und losgelöst empfinde ich mich auch: Frühlingsgefühle! Inmitten eines Stromes von anderen. Wer hat begonnen? Wer bestimmt die Richtung? „Aber lassen Sie vor der Hand alles Große beiseite! Sie haben lange genug gestrebt, es ist Zeit, dass Sie zur Heiterkeit des Lebens gelangen…", sagte Goethe einmal zu seinem Sekretär. Ja, das passt! Keine Kämpfe, kein Verhandeln, keine Grenzpfähle einschlagen mehr! Nur machen, was sich leicht anfühlt. Irgendwohin gehen, wo die Dinge nichts wiegen. Mit „Das Leben ist Spiel und Spiel ist das Leben." beschreibt die Autorin phönix treffend dieses Gefühl.

DIE BESONDERE STELLUNG DES DONNERSTAGS

Einfach betrachtet kann man sagen: Der Donnerstag ist halt der Tag, an dem man seinen Blick von sich und seinen Zielen abwendet nach außen, auf das weite Umfeld. Das ist notwendig, um die eigenen Aktionen in Einklang zu bringen mit denen der anderen, um so sicherzustellen, dass meine Aktionen im Gesamtkontext Frucht bringen können.

Und andersherum: Wenn Menschen zu sehr nach außen orientiert sind, dann ist der Donnerstag der Tag, an dem die eigenen Wünsche und Anliegen in den Vordergrund treten. Der Donnerstag bringt den Ausgleich zustande zwischen dem Punkt und dem Umkreis, fügt alles zu einem Ganzen zusammen. Nicht umsonst war bei den Römern Jupiter als höchster Gott unserem Donnerstag zugeordnet.

So weit so gut. Warum ich nun auf diesen Tag besonders hinweisen möchte, ist die Tatsache, dass es meines Erachtens in der Woche keinen Tag gibt, der von uns mehr Disziplin, mehr Mut und mehr Gottvertrauen erfordert als der Donnerstag, will ich am Abend frei und damit bereit für den Freitag sein: Der Donnerstag lädt uns ein, uns wie in einer Pause außerhalb von Raum und Zeit in ein Bewusstsein zu begeben, in dem es keine Vergangenheit und keine Zukunft mehr gibt. Es ist der Zustand des ewigen Frühlings, der ewigen Jugend, dem Zustand, an dem alles neu und wunderbar ist. Der Donnerstag ist nicht wie die anderen Tage in den Fluss der Zeit eingeordnet, sondern schwebt gleichermaßen, wie der riesige Jupiter anmutend, über den Dingen. Er ist eine Insel im Fluss der Geschäftigkeit und des "Allzu-Menschlichen".

Ich muss loslassen, und zwar nicht nur im Sinne von, etwas aus der Hand gleiten oder fallen lassen, sondern im Sinne von „das Reck loslassen, an dem ich mich halte". Ich muss mich selber fallen lassen, ohne dass ich den Grund unter mir sehe. Ich muss das Vertrauen haben, dass ich nicht „tiefer fallen kann als in Gottes Hand" und anerkennen, dass alles, was ich erreicht habe bis hierher, Gnade ist und mir geschenkt wurde: Ich selbst, die Welt, meine Familie, alles um mich herum! Ich bin aufgefordert zu akzeptieren, dass nichts wirklich von uns Menschen stammt, sondern aus einer unbekannten und doch eigentümlich vertrauten Quelle, die so viel, unendlich viel, größer und machtvoller ist als ich... wir alle zusammen.

Am Donnerstag kehren wir heim.

Am Donnerstag geht es um nichts weniger als um die immer wieder, jede Woche neu, praktizierte Selbstaufgabe, indem ich mir eingestehe, dass ich auf Dauer nichts alleine schaffen kann. Es geht immer wieder darum zu akzeptieren, dass alle meine Ziele und Ängste trotz aller Anstrengungen doch nur Illusionen sein können und dass alles, was mich vermeintlich hält, ein Irrtum sein kann. Deswegen müssen wir alles noch mal loslassen, ja, demütig Gott übergeben.

Denn: Halten wir zu schnell fest am Selbstgeschaffenen, wird uns vieles schnell zu viel. Es kann etwas entstehen, was sich in Zukunft nur mit einer immer größeren Anstrengung aufrechterhalten lassen wird, um dann am Ende doch zusammenzubrechen: An der eigenen Selbsttäuschung, an der Hybris. Am Donnerstag sind wir aufgefordert loszulassen... zu fallen in´s Morgen... und zu staunen!

Ganz anders

Ging es im Mittwochsabschnitt also darum, auf den Punkt zu kommen, meinen Platz einzunehmen und meine Ziele zu erreichen, wendet sich jetzt im Donnerstag der Blick auf das Umfeld, den Umkreis, das Ganze, um mich tanzend einzufügen in den großen, alles verbindenden Strom.

Ich tue gut daran, in Bewegung zu bleiben und mich auf viele Begegnungen einzulassen, denn es ist die Zeit der Helfer; vor allem der unerwarteten, denn gerade durch sie kann ich die ungeplanten, unkontrollierbaren Momente erfahren, die einen Unterschied im Leben machen und neue Perspektiven eröffnen.

Es gibt nichts mehr zu reißen und ich lasse es gut sein. Ich nehme mir für Ungeplantes Zeit. Gut, dass ich beim Tanzen am Mittwochabend für den kommenden Tag keine Pläne machen konnte, denke ich mir. So kann ich mich ganz den Erfordernissen des Augenblicks hingeben.

Vorsicht, mit Überraschungen ist zu rechnen!

Ich weiß, im Donnerstagsabschnitt geht es darum, den begrenzten Kontext, in dem ich mich bis Mittwoch befunden habe, zu verlassen (Ich erinnere mich: Diese Zeit entspricht dem Jahrsiebt der Walz der Wandergesellen.). Einmal, um meiner Saat die Luft zum Atmen zu geben, die sie braucht, und zum anderen, um mich einfach von den, auch inneren, „Frühlingsstürmen" auf vermeintliche Ab- und Umwege mit fortreißen zu lassen; ganz darauf vertrauend, dass das was eventuell noch zum Aufgehen der Saat fehlt, mir jetzt noch begegnet und geschenkt wird. Umso mehr ich mich dem Ganzen, Großen, anvertraue, umso freier und unbefangener kann ich mich im „Open Space" bewegen. Wenn jeder zu sich selbst und zu dem anderen ehrlich ist und sich zeigt, so wie er oder sie ist, kann alles und jeder seinen Platz finden, ja kann er und sie sich eigentlich überhaupt nur finden. Und alles bekommt seinen Raum. Und irgendwie spüre ich: Wenn wir alle den Donnerstag richtig leben würden, bräuchten wir am nächsten Dienstag nicht diese zerstörerische Wut, die dann so vieles wieder zerschlägt.

„Am anderen erwachen“

Ich weiß, dass diese Wegstrecke, diese Zeit, nicht selten die Zeit schicksalhafter Begegnungen ist, die mein ganzes Leben beeinflussen können. Allein schon deshalb bin ich sehr achtsam und gespannt! Der Donnerstag kann zärtlich werden, auch künstlerisch und verzaubernd oder zittern machen vor Erregung. Aber es kann auch einfach nur blitzen und donnern. Er verlangt das Sich-Öffnen und schenkt die Fülle, wenn ich mich nur rückhaltlos dem Leben anvertraue.
Donnerstag ist immer der Tag, an dem das Fehlende, weil bis dato Unberücksichtigte, ja Undenkbare, in mein Leben tritt. Mit Überraschungen ist zu rechnen!

„Nach dem Gewitter“

Nach all den Begegnungen und Erfahrungen am Donnerstag fühle ich mich am Ende des Weges innerlich klar. Ich habe auf dem Weg durch die Woche bis hierhin mein Innerstes durchlebt, meine Angst überwunden, gekämpft, mich wieder vertragen, und mich über inspirierende Begegnungen gefreut. Ich fühle mich zuhause auf der Erde unter den Menschen und habe mal wieder erfahren, dass das ganze Leben, der ganze Kosmos und Gott mich hält, ja mich liebt. Ich sehe jetzt mein Licht, meine Mission und meinen Platz ganz klar. Ich habe Lust zu putzen. Ich will meine neu gefundene Ordnung unmissverständlich verdeutlichen und festmachen. Ich blicke nach vorne wie in einen klaren Sternenhimmel. Ich weiß jetzt endgültig, wer ich bin. Und ich fühle mich königlich.

Ich bin in Frieden.

Ich bin frei!

KURZE ZUSAMMENFASSUNG DES DONNERSTAG

Ziele des Donnerstags

- Klarheit erlangen / Innere Freiheit und Frieden
- Die Gesamtsituation und sein eigenes Wesen illusionslos erkennen / Geklärt sein
- In sich ruhen / Ankommen / Klares Bewusstsein und ein funktionierendes Selbstverständnis

Grundstimmung

- Leichtigkeit / Freiheit
- Ausbrechen / „Karneval"
- Bewegung („Gesetz der zwei Füße") / Tanzend

Typische Donnerstags-Fragen

- In welcher Tätigkeit oder an welchem Ort fühlen sich die Dinge leicht an?
- Wo wollte ich immer schon mal einen Ausflug hin machen?
- Wozu habe ich so richtig Lust?

DONNERSTAG IST OPEN-SPACE-TAG!

Es gibt eine Methode, die die Grundstimmung des Donnerstag perfekt kultiviert: Die Open-Space-Konferenzmethode von Harrison Owen, einem Amerikaner. Die „Ausdehnung des Jetzt" nennt er seine „Open-Space-Technologie" zur Erzeugung eines Gefühls von Zeit- und Mühelosigkeit ... mit am Ende sehr überraschenden und heilsamen Ergebnissen.

Es ist spannend, ihm zuzuhören, wenn er erzählt, wie er auf diese Methode kam: Er erzählt dann von afrikanischen Dorffesten, wo sich Menschen wie im Tanz zu immer wieder anderen Gesprächsgrüppchen ganz natürlich zusammenfinden und wo Zeit keine Rolle spielt. Und er erzählt von der Wüste, in der er oft mit Indianern gesessen hat und wo sich die Landschaft ohne das Zutun von uns Menschen unbemerkt veränderte. Alle dieses Erlebnisse haben ihn zu der Entwicklung von Open Space inspiriert, eine Methode, die heute weltweit in vielen Kontexten angewendet wird.

Wer die Gelegenheit hat, sollte, um den Umgang mit dem Donnerstag zu lernen, sich regelmäßig auf solche Konferenzen begeben. Da ist wie donnerstags im Allgemeinen für so manchen sicher mit einigen Überraschungen zu rechnen!

FREITAG

„Die Apfelblüte verschenkt sich ans Licht, das sie zum Strahlen bringt."

(Daniela Wassenberg)

In der Welt angekommen

Als Freier oder als Gefreite betrete ich den Freitag. Empfange was ist und habe das Gefühl, mich meinerseits an die Welt verschenken zu können. Im Gegensatz zum Dienstag sage ich jetzt zu allem, was kommen will, „ja!" Ich gebe mich hin und lasse es laufen. Kraftvoll ziehe ich meine Bahn. Ich bin angekommen und fülle meine Aufgabe aus. Ich mache es jetzt, denn jetzt bin ich in dem Leben, das ich annehme. Ich drehe mich nicht mehr um. Mich an meinem Platz tief verbunden wissend mit dem Kosmos bin ich dankbar und glücklich. Ich bin ganz im Hier und Jetzt. Ich nehme das Leben als Geschenk an. Ich runde ab, was ich die Woche über gestaltet habe und begründe so meinen Wohlstand. Und ich spüre deutlich meine Fruchtbarkeit: Ich bin auch bereit für die körperliche Vereinigung.

Nicht umsonst ist die Venus, der Planet des Freitags, auch der Planet des Liebesverlangens. Und es ist ja auch so: Der dem Freitag zugeordnete Monat Mai ist *die* Zeit für den Sex. Im Liebesmonat Mai genießt man, macht langsam … und verliert dabei nicht selten das Gefühl von Raum und Zeit.

Apropos „Zeit": „Das Gute liegt in der Zeit" meinte Aristoteles und es ist die freitägliche Ermutigung, so zu handeln, dass es dem Hier und Jetzt entspricht: Also die geeigneten Worte und Gesten zu finden, die der Wirklichkeit angemessen sind… und auf diese Weise dem Guten, weil Passendem, Tür und Tor zu öffnen.

Spätestens Freitagnachmittag schließlich beginnt die Zeit der (be-)rauschenden Feste, das Leben im Augenblick. Alle laufen vor meinem inneren Auge barfuß um mich rum und spielen ausgelassen draußen. Die Frauen tragen sinnliche Kleidung. Manche spielen Federball, springen und lachen. Nicht umsonst steht die Venus auch für die weibliche Sexualität: Die Frauen locken. Die Männer hingegen liegen glückselig, beide Hände im Nacken, verweilend gestreckt, sich rekelnd ausgestreckt in der Sonne oder lassen die Kinder die Großzügigkeit der Natur erleben und pflanzen zusammen mit ihnen Tomaten im Garten oder Kresse auf der Fensterbank. Das Leben will weitergehen.

„Heilige Hochzeit“ ...

Der dem Freitag zugeordnete Mai ist der Monat der Feste und Hochzeiten, beginnend mit dem 1. Mai, dem Fest der symbolischen „Heiligen Hochzeit“, in der sich alle Gegensätze aufheben, alles Trennende sich auflöst.

Für die Kelten begann am ersten Mai der Sommer. Und es ist wirklich die „Hohe Zeit“: Ich habe mich mit dem Gegenwärtigen vereinigt, dem, was ich wirklich greifen kann, was da ist. Ich gebe mich dem Leben hin und bewege mich in dem was ist.

Gegen Ende Mai werden die Tage schließlich heißer: Der Juni kündigt sich an. Jetzt halten wir uns mehr und mehr im Schatten auf. Unsere Bewegungen werden gedämpfter; und wer geheiratet oder anderweitig seine Ziele erreicht hat und sich angekommen fühlt, zieht sich für die „Flitterwochen“ zurück und verspürt keinen Drang mehr nach draußen.

Mit „Mein Tag war gut, die Nacht darf sich herniedersenken. Du findest das Feld bestellt, den Tisch gedeckt, das Haus geputzt, jedes Stück an seinem Platz“, beschreibt Paulo Coelho treffend in „Der Zahir“ die spätnachmittägliche Freitagsstimmung der Angekommenen.

Ganz im Gegensatz dazu die Stimmung der Noch–Nicht-Angekommen, der „Ledigen“, die spüren, dass es in ihrem Leben noch etwas zu “erledigen” gilt.
Für sie beginnt jetzt oft ein erneuter Aufbruch und es folgt eine unruhige und aufgewühlte Zeit. Manche fühlen sich jetzt wie im freien Fall und suchen noch fieberhaft schicksalhafte Begegnungen. Für junge Menschen ist das in der Regel das normale Lebensgefühl in dieser Zeit und wird mit den bekannten Zeilen von Emanuel Geibel, „Der Mai ist gekommen, die Bäume schlagen aus … Wie die Wolken dort wandern am himmlischen Zelt, so steht auch mir der Sinn in die weite, weite Welt.“, treffend beschrieben. Heutzutage gehen die jungen Leute vielfach freitagsabends einfach in die Disco.
Man will unter Leute kommen und nicht zufällig fallen, aufs Jahr bezogen, in diese bewegte Zeit oft große sportliche Wettkämpfe mit all ihren Begegnungen, manchmal auch leider tödlich endende Motorradrennen.

… oder belastende Krisenzeit

Freitagabend strömen die erwartungsvollen jungen Menschen also in die Bars und Discos, viele ältere “noch ledige” Menschen, weil weniger beweglich geworden, erleben diese Zeit jedoch oft als belastende Krisenzeit. Trotzdem oder gerade deswegen passt in diese Freitag-Spät-Nachmittags-Stimmung auch für sie genau das „Mal-etwas-völlig-Verrücktes-ausprobieren“. Vielleicht bringen diese Erfahrungen sie ja ihrem eigentlichen Kern, den zu spüren sie sich ersehnen, näher.

Für diejenigen aber, die angekommen sind, beginnt mit Freitagabend eine Zeit der Erholung und der „Herzensruhe“: Der Samstag oder „Sabbat“.

KURZE ZUSAMMENFASSUNG DES FREITAG

Ziele des Freitags
- An seinem Platz sein / Angekommen sein
- Seine Aufgabe ausfüllen
- Sich fortpflanzen / Etwas gründen

Grundstimmung
- Anerkennen und annehmen was ist
- Im Hier und Jetzt sein
- Die Fülle genießen

Typische Freitags-Fragen
- Was kann ich diese Woche abschließen?
- Was ist reif?

SAMSTAG

In der Fülle der Nacht: Liebesnacht oder „Das bittere Werben um die Seele" (Robert Bley)

Und tatsächlich: Eingebogen in den Samstag spalten sich die Anwesenden auf dieser Wegstrecke in zwei Gruppen auf: In die einen, die einfach nur ruhen und in die anderen, die voller Aktivität sind. In die einen, die den Samstag lange ausschlafen, im Bett bleiben und „keine tausend Schritte tun", und die anderen, die am Samstag ihren Wocheneinkauf erledigen, Seminare besuchen oder Kurztrips in andere Städte unternehmen.

Sicher ist vieles der Samstagsaktivitäten auch dem geschuldet, dass viele heute von der Arbeit her zeitlich fremdbestimmt sind und nun am Wochenende nachholen, was sie in der Woche nicht durchführen konnten. Aber ist das nicht gerade das deutlichste Eingeständnis dafür, in der Woche nicht das Leben zu führen, das man eigentlich leben will?

Ich erinnere mich an meinen Vater, der gerne gereist ist und der eine große Sammlung von Reiseführern besaß. Trotzdem war er die Wochenenden immer zuhause. Ich habe ihn so gut wie nie eine Städtereise machen erlebt. Im Gegenteil, am Wochenende vermied er zum Leidwesen meiner Mutter, die gerne mal am Wochenende verreist wäre, das Wegfahren so gut es ging … weil er beruflich schon die Woche viel international unterwegs war. Er hatte „seinen" Beruf gefunden.

Vielen aber scheint es nicht so zu gehen, wenn vieles, was einem wichtig ist, auf das Wochenende geschoben werden muss. Ja, der oder die wird das Fehlende im Leben spätestens am Freitagnachmittag als aufkommende Unruhe spüren und abends auf die „Piste" gehen wollen. Für denjenigen beginnt jetzt am Samstag eine Zeit, in der es darum geht, in seine unerlösten Seiten hinabzusteigen: Ins Reich der nicht gelebten Träume.

Aber auch manchmal in´s Schattenreich der Ängste. Denn dazu dient der Samstag vor allem: Licht in´s Dunkle der Schatten zu bringen, die sich jetzt in der Zeit des höchsten Sonnenstandes (die zum Samstag gehörende Jahreszeit ist ja der Juni und Juli) am klarsten abzeichnen.
Denn: Eine glückliche Zukunft schenkt sich uns in der Regel erst, wenn wir unsere Vergangenheit geklärt haben. Erst, wenn ich bei mir selber angekommen bin und mich selber mit allem erlebe und akzeptiere, was mich ausmacht, werde ich frei und in der Lage sein, mich für andere wirklich zu öffnen und auf sie einlassen zu können.

Am Grund meiner eigenen Geschichte

Samstags tauche ich wie nackt in einen schwarzen See, und bin aufgefordert, das Enge und das Schwarze auszuhalten, um so in meine eigene (schwarze) Mitte zu gelangen. Ich spüre: Mein Leben, jedes Leben, dreht sich von Anbeginn an um eine Wunde, die es zu heilen gilt.

Wenn ich den Grund erkenne, warum ich hier bin, an diesem Ort mit diesen Menschen; dann bin ich angekommen.

Deswegen ist, wenn der Freitag nicht in Vollendung und "Herzensruhe" mündete, der Samstag der Abschnitt, an dem wir aufgefordert sind, den „Weg der Asche" zu gehen; also alles verbrennen und damit sterben zu lassen, was uns bis hierhin daran gehindert hat, rückhaltlos voller Kraft und Tatendrang gewesen zu sein.

„Stirb und werde!"

Am Samstag steigen wir in unseren Urschmerz hinab und sollten die für die Heilung notwendigen Situationen zulassen, die uns den tiefen Schmerz wieder spüren lassen, der unseren Schutzpanzer, unser Ego, geformt hat, um genau das nicht nochmal fühlen zu müssen, wovor wir aus unserer Vergangenheit heraus am meisten Angst haben. Was ist Schreckliches passiert, wovor habe ich so große Angst, dass ich mich nicht mehr daran erinnern will? Genau diesen Situationen muss ich mich jetzt noch einmal (innerlich) aussetzen und stellen, um in meinem Kern gehäutet und empfindsam, „im innersten Kern des Gewahrsams" (Murakami) anzukommen.

Am Samstag bin ich aufgefordert, der Wahrheit ins Auge zu sehen und mein Schicksal anzunehmen. Durch die erkannte Wunde werde ich mein Leben neu sehen. Das Shoppen am „verkaufsoffenen Samstag" kann unbewusst eine Flucht davor sein, mich diesen essentiellen Fragen zu stellen.

Ganz oder gar nicht

Samstag fällt, wenn es nicht schon Dienstag oder Donnerstag passiert ist, endgültig von mir ab, was nicht zu mir gehört, und übrig bleibt meine Essenz, mit der ich dann am Sonntag wie Phönix aus der Asche in einer neuen, überraschenden Form an die Oberfläche stoße und mich nun mir gemäß entfalte.

Am Samstag gilt es weiter wie am Freitag „Ja!" zu sagen, um mich einzulassen auf das, was an mich herangetragen wird … auch wenn es schmerzt, wenn nun vieles Gewohnte in Frage gestellt wird. Vielleicht stehe ich jetzt samstags erst einmal vor dem Nichts, meinem eigenen inneren Nichts, wenn ich erkenne, dass ich manches jetzt loslassen muss, nachdem ich dienstags und donnerstags mich noch mit viel Aufwand am Alten festgehalten hatte und damit bis hierhin durchgekommen war. Hier aber ist nun der Neubeginn. „Stirb und werde“ sagen die Alten. So komme ich in mein Bewusstsein und sehe meine Hauptlebenslinie. Und erkenne mich als Teil eines Stromes, der Geste meiner Familie, meines Volkes. Am Samstag werde ich zum Samen.

Entsprechend kann ich samstags nur darauf vertrauen, dass sich im Untergrund schon alles heilend findet und ordnet, so wie sich der Samen unter der Erde umwandelt und als Pflanze schließlich seinen Weg durch die Erde ans Licht sucht.

KRANKHEIT ALS HELFER

Samstag geht oft definitiv etwas zu Ende, wenn ich mich dafür öffne. Tue ich es nicht, wird mein Unterbewusstsein mich zwingen, dem Neuen nachzugeben und mich ins Leben zu begeben. Die Samstagszeit, jetzt allerdings auf das Jahr und das Jahrsiebt bezogen, ist deswegen nicht selten die Zeit des Beginns von schweren, manchmal tödlichen Krankheiten. Krebsdiagnosen kommen häufig in Samstagsjahren. Es ist nicht selten die letzte Warnung, sein Leben radikal zu ändern.

Ein Tag der Ruhe

Vorbeugend muss man demnach sagen, das Schlechteste, was ich am Samstag machen kann, ist, gegen das, was aus meinem Inneren kommen will, anzukämpfen oder es durch Aktionismus zu übertünchen. Im Gegenteil, ich tue gut daran, den

Samstagvormittag ruhend zu verbringen, was die Flitterwöchler sowieso machen.

Es ist der Tag des Ruhens im Außen, in dem das Tagwerk ruht. Ich halte mich im Halbschatten, bildlich gesprochen, im Schutz der Bäume oder kühlender Mauern auf. Die Aktivität findet bei den Nicht-Flitterwöchlern im Seelenleben statt; das kann aber natürlich auch dazu führen, dass es mich am Samstagvormittag an einen Ort treibt, mit dem ich Geborgenheit und Wurzeln verbinde. Aber auch dort: Ein Tag des Geschehen-Lassens, Annehmens und Nach-Sinnens.

Im Halbschatten zu sinnen: Zu spüren, dass alles schon präsent ist. Und wenn sich in dem so geschaffenen Raum für das Seelische etwas Schmerzhaftes, nicht Bewältigtes, zeigt, nicht zu sagen in der Bedrängnis, in der Enge: „Ich will jetzt hier raus", sondern versuchen, immer mehr zum Kern zu werden, mich immer tiefer zu versenken und mich immer kleiner und kleiner zu machen, auf den Punkt zu kommen, dann „stülpt" man um.

Nicht handeln oder versuchen, den Schmerz zu beenden, sondern den Schmerz mit seinen inneren Bildern kommen und gehen lassen. „Es muss schwer für sie sein, aber alles hat seine Zeit. Wie das Kommen und Gehen der Gezeiten. Daran kann niemand etwas ändern. Wenn es Zeit ist zu warten, muss man warten." (Haruki Murakami.)

„Was tut man, wenn es keinen Ausweg gibt?" - „ Dann findet man einen Weg noch tiefer rein."

Alles macht Sinn, der sich mir jetzt gerade, vielleicht unter Fieber, offenbart. Ich tue gut daran, nicht äußerlich zu handeln, sondern es sich klären zu lassen. Bin ich von einer tödlichen Krankheit bedroht, liege ich potentiell ja schon im Sarg, in meiner Arche. Es macht Sinn, seine Todesangst zu überwinden und durchlässig zu sein, diesen Zustand innerlich anzunehmen und sich in ihn hineinzuversetzen, um in die Gefühle zu gelangen, die ich dann hätte. In der Enge, im Dunkeln komme ich an meine Angst. Werde wieder Samen und Essenz. Es macht keinen Sinn, sich Saturn, dem Sensenmann entgegenzustellen, sondern es ist jetzt die Zeit zuzuhören, was er mir sagen will.

Die Begegnung mit dem Tod hilft mir, meine Essenz zu erkennen. So ist eine Krankheit auch zu verstehen, als Helfer, mich zu erkennen und als etwas, was mich einschließt und mich zum inneren Frieden zwingt. Und es wird deutlich, dass die Wahrscheinlichkeit gefährlicher Krankheiten in der Samstagszeit steigt, wenn ich am Dienstag, wo ich ja auch durch das "Mich-in-Gefahr-begeben" meine Essenz erkenne und meine Illusionen abstreife, meine Aggressionen zurückgehalten habe.

Aber egal ob todkrank oder nicht: Der Friedhof ist auch für Gesunde ein gutes Ausflugsziel am Samstag, um sich die Allgegenwärtigkeit des Todes immer wieder ins Bewusstsein zu rufen. Denn im Angesicht des Todes wird vieles, was einem wichtig erscheint, plötzlich belanglos und anderes, was ich immer vernachlässigt habe, erkenne ich nun für mich als essentiell.

Der Samstag will es mich endgültig lehren, wenn ich mich dieser Erkenntnis bis dahin immer wieder verschlossen habe: Absolutes Vertrauen in das Schicksal, die Fügung, verbunden mit Demut als Voraussetzung. Habe ich das bis Freitag nicht

für mich erkannt, dann stehe ich Samstag vor den „Trümmern" meines Lebens und muss tun, was die Alten „Aschearbeit" genannt haben. Ein Begriff, der vielleicht daher kommt, dass ich die Asche meines Lebens, das jetzt verbrannte, auf die Stücke untersuche, die das Feuer überstanden haben, meine Essenz, meinen Kern. Am Samstag komme ich an meinen Kern. Alles andere verbrennt. Der Samstag ist die Zeit, mich zu finden.
Und schließlich... aber das kommt von ganz alleine am Nachmittag nach vollendeter Transformation, ein Tag der Chronik, des Aufräumens, der in das sonntägliche Vollkommen-eins-seins-mit-sich-und-der-Welt mündet.

KURZE ZUSAMMENFASSUNG DES SAMSTAGS

Ziele des Samstags
- Erholung

oder:

- Heilung und Transformation / „Stirb und werde!"
- Abschied von allem, was nicht zu mir gehört
- Wie Phönix aus der Asche auferstehen

Grundstimmung
- Ruhe / „keine tausend Schritte tun"

oder:

- Tod / Krankheit / „Let it burn!" / Fieber
- Große seelische und innere Heilungsaktivität
- Ruhe / „In der Fülle der Nacht"
- Sinnen, Grübeln, Abwägen

Typische Samstags-Fragen
- Lebe ich leidenschaftlich?
- Habe ich Freude gehabt? Habe ich Freude gespendet?
- Welchen Zahn muss ich mir ziehen?

SONNTAG

Die Mitte fühlt sich leicht an.

Die letzte Biegung. Dahinter werde ich im Zentrum angelangt sein. Im Tag des Gestirns, das als Quelle allen Lebens gilt. Nicht umsonst ist im christlichen Kontext der Sonntag der Tag der Auferstehung. Zwischen Samstag und Sonntag liegt ein Wunder. Und so fühle ich mich auch: Wie Phönix aus der Asche.

Unsere Sonne, in der Mitte, in meiner Mitte, in meiner Lebensmitte: So angefüllt, so voll, so in meiner Kraft, so im Leben. Ich fühle mich ganz leicht, von Ängsten und Wünschen losgelöst: Wie auf einer sonnigen friedlichen Lichtung.

Alle sind da: Meine Familie, meine Freunde. Es gibt Sekt. Das passt jetzt. Dieses leichte Kribbeln, dieses leicht - fröhliche Gefühl... ich fühle mich, als wäre ich an meiner Quelle angelangt. Ja, ich bin jetzt an meiner Quelle! Hier und jetzt, in diesem Moment, bin ich auf keiner Insel in meinem Lebensfluss wie am Donnerstag, sondern am Ursprung von diesem und an seinem Ende. Jenseits unserer Grenzen und alles Begrenzenden ... es ist keine Auszeit ... es ist ein großes Fest.

Und es ist Erntezeit: Ich genieße meinen Besitz und was ich erreicht habe. Ich ernte, nehme selbstverständlich, was mir gehört und fülle meine Speicher.

Ich bin. Ganz einfach.

So wie die Sonne von sich aus strahlt und dabei die anderen wärmt, genauso strahlt der „mit Leben begabte" Mensch und gibt sich jetzt großzügig an die anderen hin.

Am Sonntagvormittag und -mittag ist die Zeit des hellsten Scheins: Es gibt für mich keinen anderen Ort, keine andere Zeit. Ich bin autark und unabhängig. Ich weite mich selbstbewusst ohne Verlegenheit oder Verleugnung meiner Kraft.

Ich bin.

Ich gebe mich hin an mein Schicksal und gebe nun alles, ohne etwas zurückzuhalten für später. Denn jetzt ist das Später. „Sei, wer Du bist und gib was Du hast!" ist das Lebensmotto am Sonntag.

Mein Herz ist ewig.

Doch so wie die Pflanze beim Ausbilden ihrer Früchte selber der Preis ist, beginnen auch wir im Laufe des Sonntags am Nachmittag, der im Jahreslauf ja dem aufkommenden Herbst entspricht, unser Verblühen, also unsere körperliche Endlichkeit und das Vergehen der Zeit, zu spüren. Doch weiß ich: Was immer passiert, mein Herz ist ewig!

KURZE ZUSAMMENFASSUNG DES SONNTAGS

Ziele des Sonntags
- Keine

Grundstimmung
- Festlich / Sonnig / Genuss
- Selbstverständlich nehmen, was zu mir gehört
- Sonniger Frieden

Typische Sonntags-Fragen
- Keine

... UND WIEDER MONTAG

Wie Ikarus, der der Sonne zu lange nahe gekommen war, so dass das Wachs schmolz, mit dem er seine Flügel befestigt hatte, stürzen auch wir Sonntagnacht wieder ins mondtägliche Meer. Wir sind offensichtlich nicht für das dauerhafte sonntägliche Losgelöstsein geschaffen. Wir spüren nämlich, dass wir eine Aufgabe auf der Erde zu erfüllen haben.

Es wird Nacht um uns herum. Der Mond geht auf. Und alles beginnt von vorn... oder nicht ganz von vorn, denn wir sind ja in der vergangenen Woche wieder ein Stück vorangekommen. Sagen wir lieber: Wir machen uns auf in die nächste Etappe.

Wenn wir den Sonntag wieder verlassen, werden wir noch ganz angefüllt sein von unseren Erlebnissen im Kreise unserer Liebsten und dem Ort, an dem wir uns geborgen und aufgehoben fühlen. Viele machen nun vielleicht den Fehler und beginnen gleich am Montag wieder mit ihrem Wochenwerk. Nicht selten ist das der Grund dafür, dass viele den Sonntag nicht in vollen Zügen so richtig genießen können, ja, sogar in die berühmte „Sonntagnachmittags-depression" verfallen.

Beginne Deine Woche niemals am Montag! Lass die Woche ruhig angehen! Erinnere Dich, dass wir uns am Montag seelisch noch in der Nacht vom Sonntag befinden und unsere Zeit brauchen, um wieder im nächsten Tag anzukommen.

Montag bleibt uns Zeit, die Ernte des Sonntags „einzumachen", haltbar für die kommende Woche (die Montagszeit des Jahres entspricht ja Mitte September und Oktober) und am Nachmittag die kommende Woche vorzubereiten ... das alles jedoch in einer nachsonntäglichen

Stimmung und, vor allem am Montagvormittag, im Bewusstsein einer Pause.

Denn wir wissen ja: Pausen sind nicht das, was die Römer und Preußen uns weiszumachen versuchten, nämlich Faulenzen, das direkt in die Armut führt, sondern sie sind wertvolle Zeiten mit einer besonderen Qualität: Eben dadurch produktiv zu sein, weil man nicht produktiv ist!

PRAKTISCHE TIPPS FÜR DEN WEG DURCH DIE WOCHE

Der bewusste Weg durch die Woche ist nicht immer einfach. Im Trubel des Alltags, wenn die Termine einen treiben, handeln wir schnell gegen unser besseres Wissen. Ausnahmsweise telefoniere ich am Montagmorgen mit Kollegen, ausnahmsweise gehe ich am Dienstagvormittag zum Friseur, ausnahmsweise lege ich mir diese Woche Termine auf den Donnerstag... und ganz schnell haben wir alle guten Vorsätze vergessen und machen weiter wie bisher; bis zur nächsten Krise, in der wir uns dann wieder vornehmen, es in Zukunft ganz anders zu machen.

Da kann es sehr helfen, sich mit ein paar Tricks das Auf-dem-Weg-bleiben einfacher zu machen. Drei Tipps möchte ich dazu hier mit auf den Weg geben:

- Die Erstellung eines „idealen“ Wochenplans zum Aufhängen

- Die Einrichtung fester Rituale an „Tor- und Wendepunkten“ in der Woche

- Die Visualisierung der einzelnen Tagesqualitäten mithilfe von Bildern der zwölf Tierkreiszeichen

Tipp Nr. 1:

DIE ERSTELLUNG EINES "IDEALEN" WOCHENPLANES

Vielleicht ist es kein Allheilmittel, aber schon mal ein Anfang: Ein Wochenplan, den ich mir an einer gut sichtbaren Stelle im Haus oder am Arbeitsplatz aufhänge, und der mich ständig daran erinnert, die Bedürfnisse meiner Seele nicht zu vergessen.
Einen solchen Plan habe ich weiter unten eingefügt und er lässt sich, wie manches andere auch, auf meiner homepage www.beizeiten.info zum Ausdrucken und Aufhängen herunterladen. Viel Vertrautes in ihm findet sicher schnell Zustimmung. Anderes stößt aber sicher auch oft erst einmal auf spontane Ablehnung, vor allem wenn es um die Tage oder Tagesabschnitte geht, an denen man die Arbeit ruhen lassen sollte wo man es nicht gewohnt ist.

„Und wann arbeitest Du?".

Natürlich sind die Möglichkeiten zur Umsetzung meiner Vorschläge vor allem im beruflichen Bereich bei jedem unterschiedlich, wobei ich aber alles selber schon erlebt oder im Berufsleben meiner Seminarteilnehmer gesehen habe. Der von mir im Anhang dieses Buches vorgeschlagene Besuch einer Therme am Montagvormittag beispielsweise wurde bei einer Gruppe von selbständig berufstätigen Frauen, die einmal meinen Kurs besuchten, gar nicht als große Neuigkeit angesehen: Sie trafen sich sowieso schon regelmäßig montagmittags in der Sauna.
Oder als ich eines Tages bei einem Kunden, der eine Zeitarbeitsfirma betrieb, in eine nachmittägliche Gymnastik-

stunde platzte, blitzten mich strahlende Augen an und mir wurde von allen Seiten bescheinigt, dass diese eine Stunde in der Woche unter Anleitung einer Gymnastiklehrerin eine tolle Sache wäre und einiges in Fluss gebracht hätte. Anschließend bekam jeder dann noch, wer wollte, eine Massage. Was wiederum in vielen Unternehmen auch nicht mehr ungewöhnlich ist, wie mir letztens ein Verwandter, der bei einer französischen Firma hier in Deutschland arbeitet, erzählte.

Es sind also keine unrealistischen Beispiele, die ich hier anführe und allen, die manches als unrealistisch abtun, sei gesagt, dass beispielsweise in den Softwarefirmen in den USA, wo es ganz besonders auf kreative Arbeit ankommt, ganz ungewöhnliche Tagesabläufe von Angestellten an der Tagesordnung sind. Vieles ist denkbar… und wird an vielen Orten auch schon gemacht.

Veränderungen verlangen halt manchmal „dicke Bretter bohren". Es gibt immer Erfolge und Rückschläge. Aber wie heißt es bei den Chinesen: "Es ist nicht schlimm, nur langsam voranzukommen. Schlecht ist es stehenzubleiben." Wer weiter versucht, wird sicher irgendwann auch Erfolge erzielen. Zumal ein Wirken im Sinne des Rhythmus unserer Seele ja etwas überaus Konstruktives und Heilendes darstellt. Dem kann sich ein auch noch so starres und festgefahrenes Umfeld auf Dauer nicht verschließen. Davon bin ich überzeugt.

Meine gleich folgenden Anregungen sind natürlich nicht abschließend und können das auch nicht sein: Jeder von uns ist immer wieder jeden Tag neu aufgefordert, seine Woche so zu gestalten, dass „alle Farben seiner Seele" gelebt und ausgedrückt werden… wenn es sein muss, auch gegen Widerstände!
Und wenn es auch nur erst mal im ganz Kleinen passiert oder sich anfangs auch nur im Denken oder in der Einstellung

niederschlägt: Mit der Zeit werden wir unser Verhalten immer mehr verändern und unser Potential immer mehr leben können.

Hier habe ich nun einige Anregungen beigefügt, in denen das berücksichtigt ist, was ich in diesem Buch aufgezeigt habe:

1. *Klassische Arbeitstage im herkömmlichen Sinne, etwas „wegzuschaffen", sind der Dienstag, Mittwoch und Freitag. Montag ist überlagert von der Einstimmung in die neue Woche und die Wochenplanung, der Donnerstag dient als Korrektiv, und sollte wegen eventuellen Überraschungen als vollwertiger Arbeitstag nicht eingeplant werden.*

2. *Den Start großer Vorhaben legt man am besten auf Dienstagvormittag von neun bis elf.*

3. *Nicht dringende Absprachen oder Telefonate erledigt man am besten nach elf (im Mittwochsabschnitt des Tages), weil ich dann das Wichtigste schon erledigt und entsprechend aufnahmebereit bin.*

4. *Treffen außer Haus, wenn sie keinen zentralen Projektcharakter haben, legt man möglichst auf den Nachmittag.*

5. *Montag- und Donnerstagvormittag und Mittwoch- und Freitagnachmittag sollte man sich möglichst frei von beruflichen Zwängen machen.*

6. *Ansonsten macht es Sinn, am Montagvormittag, der ja auf das Jahr bezogen der Herbst ist, die Ernte der vorherigen Woche „einzumachen". Also sollte man in der Zeit keine Denkaufgaben erledigen, da er ein guter Zeitpunkt ist für eventuelle Ablagen, Sendungen verpacken usw.*

7. *Für den Donnerstag sollte man keine Termine im Voraus machen. Der Donnerstag, richtig gelebt, entpuppt sich in der Regel, obwohl ungeplant, oft als ein sehr ausgefüllter und zentraler Tag. Für überraschende Begegnungen sollte ich auf jeden Fall Zeit einräumen und die sind halt nicht zu planen.*

8. *Freitag ist ein sehr produktiver Tag, an dem wir das, was da ist, zu Ende bringen und schön und „rund" machen.*

9. *Samstagvormittag sollte man am besten im klassischen Sinne „keine tausend Schritte tun" und liegen, ausruhen und nachmittags dann, aber der Impuls kommt von alleine, aufräumen, Bilanz ziehen, usw.*

10. *Und ganz wichtig sind Pausen: Menschen brauchen nach neunzig Minuten eine Pause. Ich schlage vor, immer halbstündige Pausen einzulegen und auch den Ort zu verlassen. In den Pausen gewinnt man etwas Abstand, manches Vergessene fällt einem noch ein, und man geht erfrischt zurück ans Werk.*

11. *Wir Menschen sind laut wissenschaftlichen Untersuchungen im Winterhalbjahr eher geistig rege und im Sommerhalbjahr eher körperlich fit. Übertragen auf die Woche bedeutet das also, dass wir von Montagnachmittag bis Donnerstagabend geistig am wachesten sind. Entsprechend sollten wir unsere Aufgaben legen. Also Freitag ist nicht so der Zeitpunkt für knifflige Aufgaben.*

12. *Routine- und kleinere Tätigkeiten, die der Vorbereitung des Tages dienen, machen am „Montagvormittag" des jeweiligen Tages Sinn, das heißt zwischen acht und neun Uhr morgens, wo ich auch den jeweiligen Tag plane.*

Weitere detaillierte Anregungen für die Gestaltung der einzelnen Wochentage befinden sich im Anhang.

	MO	Di	Mi	Do	Fr	Sa	So
	Mond (franz: lundi)	Mars (mardi)	Merkur (mercredi)	Jupiter (jeudi)	Venus (vendredi)	Saturn (engl: saturday)	Sonne (dimanche)
vormittags	Die alte Woche abschließen	Projekte starten Der „Streittag“, Konflikte suchen „nein“ sagen	Kompromisse Anliegen auf die Erde bringen seinen Platz finden	Dinge tun, die sich leicht anfühlen einen Ausflug machen „Kaffeekränzchen“	anerkennen und annehmen was ist seine Aufgabe ausfüllen abschließen und rund machen	Herzensruhe	sonniger Frieden Festtag Großer Markttag
nachmittags	Die neue Woche vorbereiten Wovor habe ich am meisten Angst?	Projekte weiter vorantreiben Wochenziele überarbeiten	Sport, auspowern „Tore schießen“	Neue Einsichten fixieren putzen	Sinnlichkeit ausgelassenes Spielen	baden „Chronik schreiben“	auf der Promenade
abends	Einstimmung auf „Streit“	friedlich im Familienkreis	tanzen, ausgehen	unterm Sternenhimmel mit Freunden	sinnlicher Abend	im Kreis der Lieben	Mondnacht

Tipp Nr. 2:

DIE FESTLEGUNG VON „FESTEN“ IM WOCHENLAUF

„Ein Leben ohne Feste gleicht einer weiten Reise ohne Einkehr.“

(Demokrit)

Der Alltag…

Ein weiterer Tipp, um die Woche bewusster zu leben, ist, sich an den „Tor- und Wendepunkten“ unseres Seelenrhythmus im Wochenlauf bewusst Rituale zu setzen. Was sind nun Tor- und Wendepunkte?

Jede Grundstimmung hat einen Zeitpunkt, an dem ich beginne, mich ihr zuzuwenden, unsere „Wendepunkte“, und einen Endzeitpunkt, an dem ich mich von ihr komplett abgewendet habe und die neue Stimmung „betrete“, unsere „Torpunkte“.

Für einen bewussten Gang durch die Woche macht es Sinn, einen jeden dieser Tor- und Wendepunkte zu einem festen kleinen Ereignis zu machen, um unserer natürlichen Trägheit etwas entgegenzusetzen. So gehen wir sicher, dass wir in Bewegung bleiben und unser Verhalten auch wirklich ändern: Zu schnell sind passende Zeitfenster sonst wieder vorbei.

… und seine festliche Verwandlung

Es macht Sinn, diese Zeitpunkte als richtige kleine Feste anzusehen, wobei in diesem Zusammenhang interessant ist, dass der Begriff „fest“, der ja einen unverrückbaren Zustand beschreibt, verwandt ist mit der früheren „Feste“, einer sicheren Burg, die birgt und Schutz bietet, und für Reisende früher oft Etappenziel- und Erholungsort darstellte. Dort erfrischte man sich und blickte zurück auf den bis dahin gegangen Weg. Dort fand man den Raum, Zwischenbilanz zu ziehen und die weitere Route zu überdenken. Und nicht zuletzt waren diese Feste immer auch Orte der Begegnungen, aus denen sich oft neue Inspirationen ergaben.

Solche „Orte“ sollten auch unsere festen Tor- und Wendemarken in der Woche sein… und was liegt da näher, ihnen Burgen zu bauen und „Feste zu feiern“, um ihre Bedeutung zu unterstreichen. Wir werden merken: Sowohl das Durchschreiten von Toren als auch das sich bewusste Wenden bringt Bewegung und Lebendigkeit ins Leben und, im Nachhinein betrachtet, vieles nachhaltig in Fluss.

Die Wendepunkte der Woche

Betrachten wir uns nun doch einmal diese besonderen Zeitpunkte näher, beginnend mit den „Wendepunkten“:

So wie beim Atmen der Richtungswechsel des Luftstroms durch eine kleine Pause voneinander getrennt ist, hat auch jede Stimmung unserer Seele im Wochenlauf ihren bestimmten Wendepunkt. Aus Platzgründen beschränke ich mich hier nur auf die Hauptwendepunkte der Woche. Das soll aber niemanden davon abhalten, für sich selber die Wendepunkte für eigene wichtige Grundstimmungen im Wochenlauf zu entdecken.

Beginnen wir mit den Vorbereitungen zum „Sprung in die Löwengrube“am Dienstag: Der Dienstag mag zwar der „Kampftag“ sein; die Vorbereitungen dafür starten wir aber bereits am frühen Montagnachmittag. Zu diesem Zeitpunkt ändern wir bereits unsere Blickrichtung: Von der Vergangenheit der alten Woche hin zur neuen Woche mit ihren Herausforderungen der Zukunft. Das wäre schon mal ein erster Wendepunkt.

Dann folgt die kriegerische Zeit des Dienstags, wobei wir mittwochmorgens aber schon wieder in einer konstruktiven Stimmung sind. Das bedeutet, dass Dienstagabend die kriegerische Grundenergie zum Ende gekommen sein muss und ich mich zum Friedvollen gewendet habe, was wiederum auf eine Wendemarke gegen Dienstagabend hindeutet.

Den Mittwoch über sind wir mit dem Umsetzen unserer Pläne beschäftigt und spüren im Laufe des Tages eine Erschöpfung. Viele machen am Mittwochnachmittag früher frei, ganz im Sinne des sich ankündigenden Donnerstag, an dem wir Dinge tun wollen, „die nichts wiegen“. Also muss hier im Laufe des Mittwochnachmittags ein Wendepunkt liegen, ab dem wir es „gut sein lassen“.

Im Laufe des Donnerstags bekommen wir Impulse von außen und spätestens Donnerstagnachmittag klären sich für uns die letzten Zweifel; jetzt fühlen wir uns endgültig eins mit uns und der Umwelt. Wir führen das zum Herzen, was ist. So kann das Leben weitergehen, die Zukunft kann beginnen… und so sind wir Freitag entsprechend aufgefordert, wieder in die Aktivität zu kommen und die Dinge umzusetzen, die jetzt von Gewicht sind: Also haben wir hier wieder eine Wendemarke.

Im Gegensatz zu den Wendemarken zu Beginn der Woche werden wir jetzt aber spüren, dass wir uns zum Ende der Woche fast von alleine dem Neuen zuwenden. Wir müssen uns dazu nicht mehr disziplinieren, es passiert in der Regel ganz von selbst. Deswegen würde ich diesen Übergang als eine „passive Wendemarke“ bezeichnen.

Das gleiche gilt auch für die nächste: Irgendwann ist am Freitag die Wochenarbeit getan und so machen viele am Nachmittag früher Schluss. Auch hier haben wir wieder einen Wendepunkt, wenn wir uns im Laufe des Nachmittags der Passivität und der Herzensruhe des Samstags zuwenden. Und auch hier gilt: Dieser Impuls kommt mehr oder weniger von alleine, so dass diese passiven Wendemarken zum Wochenende hin nicht so kraftvolle unterstützende Rituale brauchen wie die am Anfang der Woche. Dasselbe gilt dann auch entsprechend für den Samstagnachmittag: Nach der Ruhe am Vormittag kommen wir unweigerlich am Nachmittag wieder in unsere Kraft, die uns uns der Ernte-Vorbereitung des Sonntags zuwenden lässt.
Und auch in das dankbare Gefühl eines Sonntagabends nach einer erfüllten Woche müssen wir uns in der Regel wohl nicht hineinzwingen... wohl aber ist es ratsam, auch den diese Stimmung unterstützenden Ritualen im Wochenlauf ihren festen Platz zu geben.

Diese Ruhezeit nach Abschluss der Ernte am Sonntagabend geht bis zum Wendepunkt Montagnachmittag, ab dem wir uns dann, diesmal wieder aktiv, auf den neuerlichen „Sprung in die Löwengrube" am Dienstag vorbereiten.

Betrachten wir uns nun also einmal die Wendepunkte in der Woche im Überblick:

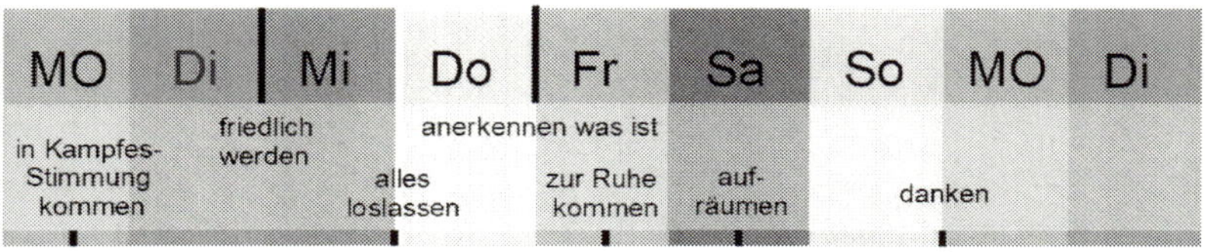

Die Tormarken in der Woche

Kommen wir nun nach den Wendemarken zu den „Tormarken“, die den endgültigen „Eingang“ in die jeweils nächste Stimmung darstellen, und somit die Umstellungs- und Vorbereitungszeit darauf beenden.

Diese morgendlichen Tore dienen uns zur Verstärkung unserer Entschlossenheit am Dienstag und der Konzentration am Mittwoch… oder sie helfen uns, endgültig in eine loslassende Stimmung am Donnerstag, eine annehmende Stimmung am Freitag oder auch feiernde Stimmung am Sonntag zu kommen. Jeder Wochentag wird im Grunde am Morgen durch ein „Tor“ betreten, und so macht es sicherlich Sinn, für jeden Tag auch ein tagestypisches kleines Einstiegsritual zu entwickeln.

Jedoch: Von einem betonten Tor mit einem entsprechend ausgestalteten Ritual soll hier nur die Rede sein, wenn es sich auch wirklich um einen besonders betonten Schritt innerhalb unseres Seelenrhythmus handelt. Welche morgendlichen „Tor-Schläge“, um im Bild des Taktes und Rhythmus zu bleiben, sollten wir also nun in der Woche bewusst hervorheben?

Inspirationen aus unseren Jahresfesten

Um diese Frage zu beantworten, ist es hilfreich, wenn wir uns die Rituale anschauen, die in unserem christlichen Kulturkreis im Jahreslauf gefeiert werden, um dann eventuelle Rückschlüsse auf die betonten Wochentagsübergänge auch in unserem Wochenlauf zu ziehen. Und nicht nur das: Wir können uns durch die Jahresfeste auch für die Gestaltung unserer Rituale im Wochenlauf inspirieren lassen.

Nun, zuerst erinnern wir uns jetzt also, dass zu Beginn eines jeden Jahresabschnitts, wie schon weiter oben beschrieben, mindestens ein traditionelles Fest liegt:

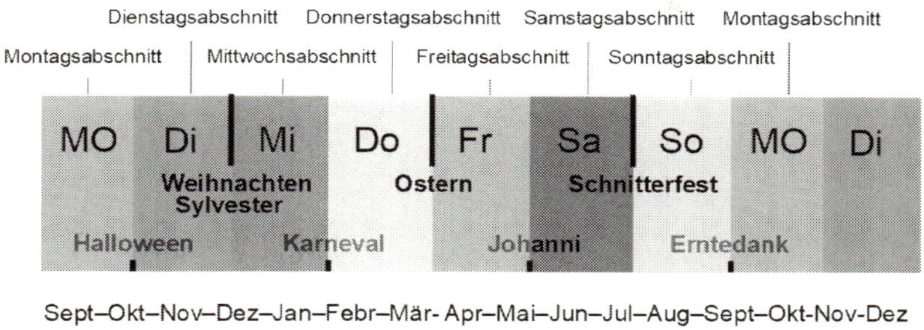

Betrachten wir nun die heute noch groß gefeierten Feste in unserem Kulturkreis, die auf den Tormarken liegen, dann fallen uns in der Regel unwillkürlich Weihnachten, Sylvester, Karneval und Ostern ein. Die besondere Bedeutung dieser Feste kommt unter anderem auch dadurch zum Ausdruck, dass sie jeweils mehrere Tage dauern, beziehungsweise die „Weihnachtszeit" in der Regel Weihnachten und Sylvester umfasst.

Teilweise gefeiert und durchaus noch im Bewusstsein verankert sind auch das Erntedankfest und neuerdings wieder Halloween, wobei Erntedank aufgrund von unterschiedlichen Erntezeiten von Region zu Region zu unterschiedlichen Zeiten gefeiert werden kann. Der offizielle Erntedanktag nah bei Michaeli ist nur ein künstlich festgelegter. Der Übergang zwischen Sonntag und Montag, die Zeit des dankvollen Rückblickens auf die vergangene Woche, verliert sich also mondtypisch im Vagen, was uns stimmungsmäßig aber auch in dieser Zeit entgegenkommt.
Diese Verschwommenheit erinnert dann auch an das weitgehend in Vergessenheit geratene Johannifest als Tor in die Samstagszeit des Jahres, was aber nicht verwundert, weil,

betrachtet man sich die dem Johannifest zugehörigen Rituale, sich auch schon im Laufe der Geschichte kein einziges einprägsames herausgebildet hätte, das Johanni wesentlich vom Oster- oder 1. Mai-Ritual unterscheiden würde. Der erste Mai mit seinen verströmenden Festen rund um den Maibaum, der den ganzen Monat stehengelassen wird, hat Johanni überlagert.
Betonen sollten wir aber auf jeden Fall das traditionelle Schnitterfest am ersten August zu Beginn des Sonntagsabschnittes des Jahres, an dem heute beispielsweise noch regelmäßig die Sommerferien in Bayern beginnen. Traditionell wird an ihm die erste Ernte gefeiert … und es war früher der Beginn der großen Jahrmärkte, nicht selten verbunden mit großer Bewegung und Reisetätigkeit!

Die Feste auf den Wendemarken

Wenn wir schon dabei sind; schauen wir uns doch auch mal die Feste an, die auf den Wendemarken liegen, wobei da heute auch nicht mehr so geläufige darunter sind... unter dem Aspekt der Wendemarken offenbaren sie aber nun eventuell wieder ihren ursprünglichen Sinn! Lassen wir uns nicht davon irritieren, dass teilweise die Wende- und Tormarken die gleichen sind. Wir kommen gleich darauf noch zurück:

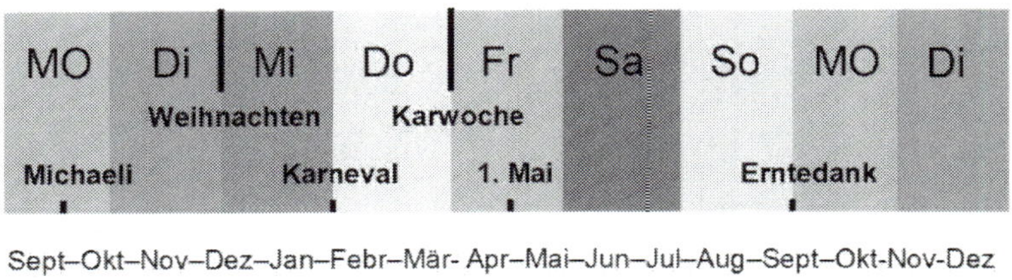

Betrachtet man das Chart und vergleicht es mit dem obigen der Wendepunkte, sehen wir deutlich, dass wir gewichtige „Feste" am Abend einiger Wochentage haben und dass wir auch an zwei Mittagen, nämlich Montag und Freitag, uns durch Rituale aus dem Jahreslauf für unsere Wochengestaltung inspirieren lassen können.

Auch stellen wir fest, dass es durchaus Überschneidungen mit den Festen auf den Tormarken gibt, was dazu auffordert, uns einmal die betreffenden Feste genauer anzuschauen, ob sie sich nicht jeweils in eine Wendepunkt- und in eine Torpunkt-Phase unterteilen lassen. Denn es fällt schon auf, dass sich die betreffenden Feste bis auf Erntedank alle über einen längeren Zeitraum erstrecken: Die Weihnachtszeit über mindestens eine Woche mit den großen Festen Weihnachten und Sylvester, die Karnevalswoche über eine Woche von Weiberfastnacht bis Aschermittwoch und die Osterzeit von Palmsonntag bis in die Osternacht.

Und wirklich: Man kann bei allen drei langen Festen unschwer erkennen, dass der erste Teil jeweils einen Wendepunkt und der zweite einen Torpunkt darstellt: Weihnachten fordert zum Frieden nach der kriegerischen und illusionszerstörerischen Zeit des November auf und stellt damit einen Wendepunkt dar, Sylvester fordert uns dagegen auf, uns auf das sich im Dezember schon abgezeichnete Neue zu fokussieren… ein die schon eingeschlagene Richtung verstärkender Torpunkt.
Ähnlich verhält es sich in der Karnevalszeit: Die wilden Tage bis zum „rasenden Montag" animieren zum „Sich-wenden" und Loslassen durch das „Alles auf den Kopf stellen", Aschermittwoch wiederum stellt symbolisch das Eingangstor in die Zeit der Demut, die folgende Fastenzeit, dar.
Das letzte der großen Feste, Ostern, wird ebenfalls durch mehrere Tage, die eine Wendezeit markieren, eingeläutet: Die Karwoche, in der Jesus gedacht wird, der sich, in sein Schicksal ergeben, an das Kreuz schlagen lässt. Er hat seinen

Weg auf Erden endgültig akzeptiert und entschließt sich, ihn bis zum Ende zu gehen. Die Karwoche mit ihrem Einzug Jesu in Jerusalem bis zur Kreuzigung kann deswegen sicherlich als ein Wendepunkt angesehen werden, in der die Zeit der Zweifel zuende gegangen und der Entschlossenheit gewichen ist. Ostern, das große Fest der Auferstehung stellt dann das daraus resultierende Tor in die neue Zeit danach dar.

Soweit zu den drei großen mehrtägigen Festen im Jahreslauf, die jeweils Wende- und Tormarke darstellen. Verbleiben noch Erntedank, Michaeli und der 1. Mai, wobei Erntedank und Michaeli erst zusammen eine ganzwertige Wendemarke darstellen: Vom dankbaren Zurückblicken ab der ersten Hälfte im September bishin zum entschlossenen Blick nach vorne Ende September. Die Zeit zwischen Erntedank und Michaeli, übertragen auf die Woche der Montag-vormittag, ist also durchaus eine „gedehnte" Zeit, ein aus der Zeit gefallener Zeitraum der Neu- und Umorientierung.
Verbleibt also als feste Wendemarke neben den großen drei Festen der 1. Mai in der Mitte des Freitagsabschnittes des Jahres als Einläutung der Zeit der „Heiligen Hochzeit", der Vereinigung alles Gegensätzlichen.

Auffallend ist eines, und auch das sollte uns für unsere Wochenrituale zu denken geben: Ein Jahresfest für eine Wendemarke fehlt, nämlich das am Samstagnachmittag, wenn die Zeit der Herzensruhe zuende geht und wir wieder ordnend aktiv werden. Verwundern tut das mich persönlich aber nicht besonders: In vielen Jahren des Nachspürens der Wochentagsqualitäten kann ich versichern, dass das sich dem, oft mit Aktionen angefüllten, Sonntag-Zuwenden nach einem ruhig verbrachten Samstagvormittag im Laufe des Samstagnachmittag von ganz alleine geschieht. Ja, dass es sogar der bestandene Test für eine gut gelebte Woche ist, wenn diese Wendung ganz von alleine und ohne irgendeine Anstrengung erfolgt.

Große Feste kleindenken

Um uns nun Inspirationen von den Jahresfesten für die Gestaltung unserer Tor- und Wendemarken in der Woche zu holen, müssen wir uns diese Feste für den Wochenlauf „klein denken".

Der Wendepunkt „Montagmittag" zum Beispiel, wenn ich mich vom Inneren zum Äußeren wende, entspricht „Michaeli" Ende September. Das Mutmach-Fest Michaeli erinnert an den Heiligen Michael, der auszog, den Drachen zu besiegen. Wir feiern das Fest traditionell mit einem großen Feuer, oft auch dem Feuersprung und für die Kleinen mit Ritterspielen. Das lässt sich natürlich nicht Montagmittag alles machen, aber ein Kaminfeuer oder Kerzen lassen sich entzünden oder ich ziehe für den Montagnachmittag ganz bewusst Schuhe, oder besser noch Stiefel, mit harten Absätzen an.

Auch das Fest „Weihnachten" lässt sich nicht jeden Dienstagabend feiern, aber wenn ich an diesem Wendepunkt, der das Ende meiner wöchentlichen „Feuer-Kriegs-Zeit darstellt, bewusst im Familienkreis in Frieden heimelig ausklingen lasse, vielleicht mich noch besonders meinen Kindern widme und das mit kleinen Geschenken unterstreiche, ganz bewusst, dann werde ich sicherlich zuverlässig den Mittwoch in einer anderen, viel friedvolleren Stimmung beginnen, als wenn ich dieses kleine Ritual nicht gemacht hätte. Und auch das noch einmal Bekräftigen der aus den Erfahrungen am Dienstag abgeleiteten Vorsätze am Mittwochmorgen, im Sinne des Sylvester, gibt sicher Entschlossenheit und Orientierung für den Mittwoch, an dem es ja um die konkrete und nüchterne Umsetzung meiner Vorhaben geht.

So lässt sich jeder der Tor- und Wendepunkte in der Woche mit kleinen Ritualen fest im Wochenablauf verankern, um uns dadurch in Bewegung und so die Woche lebendig zu halten.

Zusätzlich zum hier aufgeführten Wochenplan, in dem die Tor- und Wendemarken eingezeichnet sind, folgt umseitig eine stichpunktartige Beschreibung der Jahresfeste, die uns Anregungen für die Gestaltung eigener kleiner Rituale im Wochenlauf geben können.

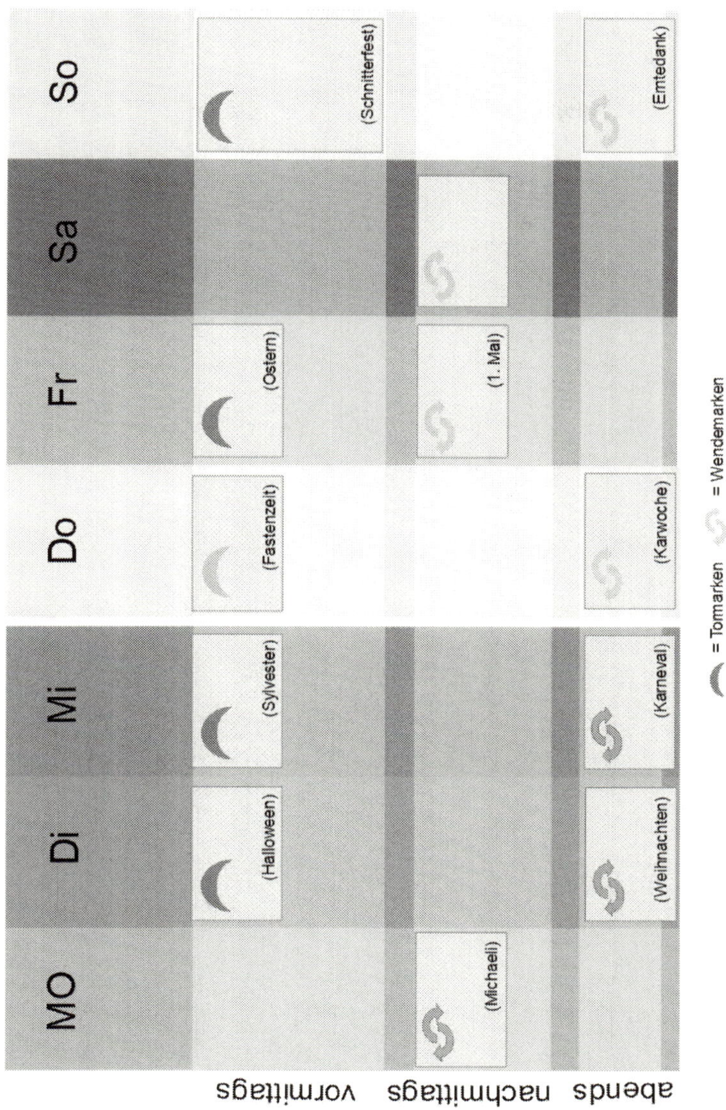
MO
Di
Mi
Do
Fr
Sa
So
vormittags
nachmittags
abends
(Halloween)
(Sylvester)
(Fastenzeit)
(Ostern)
(Schnitterfest)
(Michaeli)
(1. Mai)
(Weihnachten)
(Karneval)
(Karwoche)
(Erntedank)
= Tormarken
= Wendemarken

Fest	Datum	Bedeutung	Rituale	Entsprechung
Michaeli	29. September	„Das Licht anzünden" Impulse setzen	Über´s Feuer springen Ritterspiele	Montagnachmittag
Halloween / Samhain	Nacht auf den 1. November	Abstieg in die Totenwelt Beginn der Jagdsaison Jahresbeginn der Kelten	Drei Tage Chaos Gruselige Verkleidungen Feuer	Nacht auf Dienstag
Weihnachten	Nacht auf den 25. Dezember (Wintersonnen- wende)	Geburt des Lichts Stille (Stillstand der Vegetation)	Jesus in der Krippe Tannengrün Geschenke (Kinder)	Dienstagabend
Sylvester	1. Januar	Ablegen aller Illusionen	Wünsche formulieren Demaskierung um Mitternacht Feuerwerk	Mittwochmorgen
Karneval	Eine Woche im Februar sieben Wochen vor Ostern	Den Stillstand vertreiben Altes loslassen Fest vor Beginn der Fastenzeit Die dunkle Zeit ist beendet	Chaos / tolle Zeit Rollentausch Späße Rasseln	Mittwochabend
Fastenzeit	sieben Wochen zwischen Karneval und Ostern	sich reinigen	Reinigung des „inneren und äußeren" Hauses Pilgern	Donnerstag
Karwoche	Woche vor Ostern	„Stille Woche" Trauerwoche um das Leiden Jesu „Das Kreuz auf sich nehmen"	Keine Musik Keine Fröhlichkeit Kein Tanz	Donnerstagabend
Ostern	Erster Sonntag nach dem ersten Vollmond nach der Tag- und Nachtgleiche am 21. März	Auferstehung (Jesu) Fülle Leben Jahresbeginn in vielen Kulturen	Osterwasser vor Sonnenaufgang aus der Quelle holen Nicht zurückschauen Osterfrühstück Eier suchen	Freitagmorgen
1. Mai / Beltane	1. Mai	„Heilige Hochzeit" Befruchtung	Tanz in den Mai Maibaum Monat der Feste Fruchtbarkeitsrituale	Freitagnachmittag
Schnitterfest	1. August	Beginn der Ernte Beginn der Jahrmärkte	Trubel Feste Reisen	Sonntagmorgen
Erntedank	um Michaeli Ende September regional unter- schiedlich	Danksagung für die Ernte	Die Ernte vor dem Altar Aufhängen von Ernte- kronen Tanz und Musik	Montagmorgen

Tipp Nr. 3:

DIE VISUALISIERUNG DER TAGESQUALITÄTEN DURCH DIE TIERKREISZEICHEN

An dieser Stelle möchte ich noch auf die Tierkreiszeichen und ihrer Verbindung zu unseren sieben Wochentagen zu sprechen kommen. Denn es macht durchaus Sinn: Schließlich haben die Tierkreiszeichen den Anspruch, alle Wesensaspekte des menschlichen Seins in zwölf symbolischen Bildern zu beschreiben und auch der durch die Wochentags-bezeichnungen beschriebene Weg durch die Woche ist der Weg der Seele durch alle potentiell denkbaren Seelenzustände. Hinzu kommt, dass sich der Rhythmus unserer Seele ja auch in unserem Weg durch das Jahr erkennen lässt; und spätestens da treffen sie nun unausweichlich auf die in den jeweiligen Zeiträumen vorherrschenden Tierkreiszeichen.

Ich kann versprechen: Alle, die sich hier jetzt etwas reindenken, werden auf ihre Kosten kommen; das jedenfalls haben meine Seminare gezeigt. Für manche fiel sogar erst mit diesem Kapitel endgültig der Groschen, denn schon allein das Betrachten eines gut gemachten Tierkreiszeichenbildes zu dem dazugehörigen Wochentagsabschnitt stellt für viele, mich eingeschlossen, eine enorme Erleichterung dar, wenn es darum geht, in die Stimmung des jeweiligen Tagesabschnitts zu kommen. Ja, mit der Zeit werden diese Bilder wahrscheinlich für einige sogar zum Hauptinstrument einer schnellen Orientierung in der Woche werden!

Ganz einfach wird das aber, gerade für im Umgang mit Tierkreiszeichen Vertraute, aller Wahrscheinlichkeit nach nicht werden. Denn die Art und Weise, wie ich die Tierkreiszeichen anordne und wie ich sie mit den Wochentagen in Verbindung bringe, wird manchem Astrologen sehr befremdlich vorkommen. Aber diese Anordnung ist logisch nachvollziehbar und endet garantiert in einem überraschenden Aha-Erlebnis!

Die Woche besteht aus einem aktiven und einem passiven Teil.

Folgendermaßen komme ich nun zu meiner Zuteilung der Tierkreiszeichen zu den einzelnen Wochentagen: Erst einmal teile ich die Woche in einen „aktiven" und einen „passiven" Teil auf. Der aktive Teil erstreckt sich von Montag bis Mittwoch; der Donnerstag zählt als der Übergang auch noch dazu. Der passive Teil geht von Freitag bis Sonntag.
„Aktiv" heißt in diesem Zusammenhang: Der Teil der Woche, in dem ich bewusst meine vorherrschende Seelenstimmung verstärke und aktiv gestalterisch meine Impulse setze. Der „passive" Teil der Woche heißt entsprechend der Teil der Woche, in dem ich anerkenne was ist und mich einfüge ins Ganze.

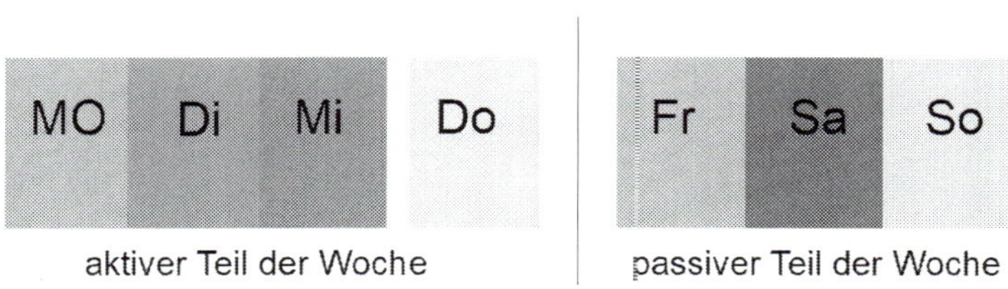

Habe ich die Woche in diese beiden Abschnitte eingeteilt, ordne ich anschließend den Wochentagen des aktiven Wochenteils die vier Elemente unseres Kulturkreises zu. Das

heißt, dem Montag gehört mit dem Mond das Element „Wasser“ an, das ist allgemein anerkannt. Dem Dienstag mit dem Planeten Mars gehört das Element „Feuer“ an; auch das ist sicher unstrittig. Dem Jupiter des Donnerstags entspricht das Element „Luft“, was auch allgemein verbreitet ist.
Es bleibt das Element „Erde“ für den Merkur des Mittwochs übrig. Das ist vielleicht gewöhnungsbedürftig, macht aber Sinn, wenn ich mir die Reihenfolge der Tierkreiszeichen anschaue, wie sie im Jahreslauf erscheinen: Einem Wasserzeichen folgt ein Feuerzeichen, dann ein Erdzeichen und zuletzt ein Luftzeichen. Dieselbe Reihenfolge haben wir nun also auf die Woche übertragen: Der Montag ist im Zeichen des Elements Wasser, der Dienstag im Zeichen des Feuers, der Mittwoch im Zeichen der Erde und der Donnerstag im Zeichen der Luft.

MO	Di	Mi	Do
Wasser	Feuer	Erde	Luft

Ordnet man jetzt jedem der vier Elemente die jeweils ihnen zugehörigen drei Tierkreiszeichen zu, so gehören die Wasserzeichen Fische, Krebs und Skorpion zum Montag, die Feuerzeichen Widder, Löwe und Schütze zum Dienstag, die Erdzeichen Stier, Jungfrau und Steinbock zum Mittwoch und die Luftzeichen Zwilling, Waage und Wassermann zum Donnerstag. Und zwar in dieser Reihenfolge, so dass das Tierkreiszeichen Fische auf den Montagvormittag, das Tierkreiszeichen Krebs auf den Montagmittag und das Tierkreiszeichen Skorpion auf den Montagnachmittag bzw. -abend fällt. Machen wir das für alle vier Tage, sind alle zwölf Tierkreiszeichen in der Zeit von Montagmorgen bis Donnerstagabend „aufgebraucht“.

Es kann sehr helfen, sich die Tierkreiszeichen in dieser Anordnung als Bild an die Wand zu hängen. Schnell hat man dann die jeweilige Grundstimmung eines Zeitpunktes vor Augen.

Den Wochentagen im verbleibenden (passiven) Teil der Woche ordne ich nun die Tierkreiszeichen gemäß ihrer Reihenfolge, wie sie ursprünglich im Jahreslauf erscheinen, zu. Wir erinnern uns: Wir haben am Anfang des Buches die Zuordnung der Wochentage zu den sieben Jahresabschnitten vorgenommen. Betrachten wir hier nun die Jahresabschnitte, die wir dem Freitag, dem Samstag und dem Sonntag zugeordnet haben und ordnen ihnen die jeweils zu ihnen gehörenden Tierkreiszeichen zu:

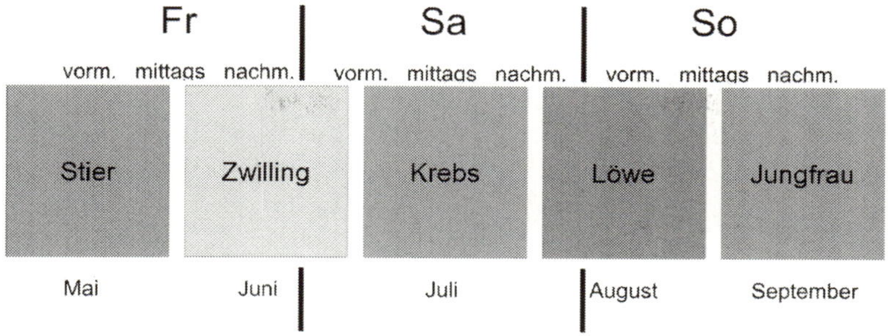

Der Freitagsabschnitt des Jahres fällt auf Mitte April bis Ende Mai. Das dazugehörige Tierkreiszeichen für den Freitagvormittag ist „Stier“ und für den Freitagnachmittag Ende Mai „Zwilling“. Samstag wird vormittags vom „Krebs“ regiert und später am Nachmittag vom „Löwen“, der in den Sonntag übergeht und den Sonntag beherrscht. Der Sonntagnachmittag, entsprechend dem späten August, steht schließlich im Zeichen der Jungfrau.

Machen wir den Test und lesen die Geschichte einmal in dieser Tierkreiszeichen-Reihenfolge:

Am Montagmorgen befinde ich mich zweifelnd in tiefstem Meer („Fische“). Langsam bildet sich in mir eine Sehnsucht heraus („Krebs“), woraus sich in mir bis *Montagabend* eine Entschlossenheit entwickelt, die Situation zu verändern („Skorpion“).

Am Dienstagmorgen breche ich stürmend durch die Mauer („Widder“) und ringe anschließend mit dem Gegner („Löwe“). Erschöpft und abgekämpft, aber auch von meinen Illusionen befreit, formuliere ich *Dienstagabend* mein Ideal („Schütze“).

Am Mittwochmorgen setze ich das Erkannte friedlich und stur um („Stier“) und sichere es ab („Jungfrau“). Ich lasse manchmal bis *Mittwochabend* nicht locker („Steinbock“).

Am Donnerstagmorgen lasse ich los, um mich zur Ablenkung auf etwas anderes neues und leichteres, einzulassen („Zwilling“). Im Fluss mit den anderen und in Leichtigkeit ordnet sich manches neu und ein neues Gleichgewicht kann sich einstellen („Waage“). Am *Donnerstagabend* schließlich, bin ich frei, weil ich klar und deutlich erkannt habe, wer ich bin und wo ich stehe („Wassermann“). Was nicht zu mir passt, spüle ich Donnerstagabend von mir ab.

Jetzt zum „passiven“ Teil der Woche:
Freitagmorgen erkenne ich an, was ist und gebe mich dem hin. Ich reife, heirate und befruchte („Stier“). *Freitagnachmittag* bin ich mit meinen Gegensätzen vereint und befriedigt („Zwilling“); oder es hat sich gezeigt, dass ich noch nicht heiratsfähig bin und es mich wieder hinaus treibt (auch „Zwilling“).

Dann gilt es am *Samstag* noch etwas Unerlöstes in mir zu entdecken („Krebs“). Bin ich jedoch Freitag in meiner Mitte und im Leben angekommen, ist der Samstag ein wirklicher Sabbat.

Am *Sonntagvormittag* schließlich kann ich dann wie ein König („Löwe“) in meiner ganzen Fülle leben und das Leben genießen. Am *Sonntagnachmittag* macht sich dann aber auch schon wieder die um Ordnung und Sicherheit bemühte „Jungfrau“ bemerkbar, die ganz sicher neue Sorgen entwickeln und Montagmorgen mit den „Fischen“ am Status Quo zweifeln wird. Es folgt, wie gehabt, im Laufe des Montags der sehnsüchtige „Krebs“, der neue Visionen für die kommende Woche bestimmt schon parat hat.

Wir sehen, dass die Tierkreiszeichen, in dieser Reihenfolge sortiert, den uns bekannten Wochenaufbau erzählen.

Das hat einige Vorteile für uns; denn wer tiefer in die Grundstimmung der einzelnen Tage eintauchen möchte, dem möchte ich hiermit wärmstens empfehlen, sich mit dem jeweiligen Tierkreiszeichen des entsprechenden Tagesabschnitts zu beschäftigen. Die Literatur zu den Tierkreiszeichen ist unübersehbar und damit eine unerschöpfliche Fundgrube für die Sensibilisierung für die Grundstimmungen unserer Seele im Wochenlauf.

ZUSAMMENFASSUNG

Das war ein kurzer Ausflug in das Innenleben unserer Seele, so wie ich es in Jahrzehnten meiner Forschung erfahren habe.

Wie wir gesehen haben, findet jede Woche immer wieder der Weg durch das ganze Spektrum menschlichen Seins statt. Der Wochenaufbau beschreibt uns den Weg vom Chaos zur neuen Ordnung, von der drängenden Aktivität zur liebevollen Hingabe und vom „Gefangensein in seinen Illusionen" zur wirklichen Freiheit: Was für ein Abenteuer!

Was haben wir nun *genau* gesehen?

Wir haben nach einer kurzen geschichtlichen Einführung gelernt, dass der uns von den Babyloniern überlieferte Wochenaufbau keine zufällige Anordnung der sieben Tage ist, sondern ein tiefes Wissen um das Wesen unserer Seele birgt. Jedem seelischen Zustand wird durch den Wochenaufbau ein ihm zeitlich zugehöriger Platz zugewiesen: Ein Zeitpunkt und eine Zeitdauer, die sich aus dem „Rhythmus unserer Seele", die für jeden Menschen gilt, ergibt.

Wir stellten fest, dass diese Erkenntnis Freiheit schafft, weil ich nichts mehr zurückhalten muss, ja, ich sogar aufgefordert bin, allen meinen Gefühlen zu ihrer Zeit Ausdruck zu verleihen, damit sich der „große Plan" mithilfe von mir im Hintergrund verwirklichen kann.

Das macht uns ruhiger und gelassener, weil wir uns nie mehr wie ein Blatt fühlen müssen, das im Wind hin- und her geweht wird, denn wir können einem chaotischen Umfeld immer eine innere Struktur und sinnvolle Lebensinhalte entgegensetzen... und kommen dadurch in unsere innere Ruhe und Kraft. Und wir haben gelernt, dass wir, wenn wir es nicht tun, Gefahr laufen, krank zu werden, weil die Unterdrückung von Gefühlen uns viel Energie abverlangt und uns auf Dauer schwächt.

Ferner haben wir erkannt, dass unser Wochenaufbau nur Modellcharakter hat, dass sich der dort von unseren Ahnen beschriebene „Rhythmus unserer Seele“ auch in anderen Zeitdimensionen zeigt, wie im Tages- oder Jahreslauf oder auch in den Lebensjahrsiebten. Gerade bei letzteren kann uns diese Erkenntnis bei biographischen Fragestellungen unterstützen, unter anderem bei der Bestimmung von passenden Zeitpunkten für kommende Vorhaben oder auch bei der Einordnung von Schlüsselsituationen im Nachhinein; gegebenenfalls auch von Situationen, die man bis dahin noch gar nicht als solche erkannt hatte.

Wir haben gesehen, dass durch die Kenntnis über den „Rhythmus unserer Seele“ unsere Laune dauerhaft steigen kann, weil wir konzentrierter und effektiver bei der Sache sind, die gerade dran ist, und wir in schwierigen und belastenden Phasen immer Licht am Ende sehen, weil wir, um ihre Endlichkeit wissend, sie zeitlich und inhaltlich nun besser einordnen können.

Kurz: Wir haben gesehen, dass wir leichter, mehr mit uns verbunden und harmonischer mit unserem Umfeld agieren, wenn wir uns in den Rhythmus unserer Seele einfügen und auf sie hören. Das Wissen um den Rhythmus unserer Seele öffnet uns neue Zeiträume des inneren Erlebens... und gibt sicher nicht wenigen von uns endlich die Erlaubnis, etwas zu tun, von dem sie innerlich schon längst gewusst hatten, dass es getan werden müsste!

SCHLUSSBETRACHTUNG

Du kannst alles innerhalb einer Woche ändern… und was nicht geklappt hat, ändere es in der nächsten!

Gerade in Zeiten wie diesen, in denen Altvertrautes ins Schwanken gerät die Zukunft unsicherer wird, tut jeder gut daran, sich zu fragen, ob das, was er oder sie macht, zu ihm oder ihr passt. Denn auf sichererem Boden kann man in unsicheren Zeiten nicht stehen!

Jeder von uns, davon bin ich fest überzeugt, hat seine ganz eigene Mission hier auf Erden. Und nur, wenn jeder von uns an seinem Platz seine Mission erfüllt, kann das Ganze gelingen. Es ist auf Dauer niemandem und auch dem Ganzen nicht gedient, wenn jemand sein Licht „unter den Scheffel stellt", denn jedes Licht ist nur zu einem da: Im Verein mit den anderen zu leuchten!

Viele haben sich vielleicht in unserer von anderen erdachten und durchstrukturierten Welt noch nie wirklich die Frage gestellt, was ihre eigentliche Mission sein könnte und wer sie wirklich sind.

Vielleicht war das neben der Beschreibung unseres Seelenrhythmus mein Kernanliegen beim Schreiben dieses Buches: Mut zu machen, der inneren Stimme Raum zu geben, ihr feste Zeiträume zu geben, in denen ich ihr lauschen kann. Mut zu machen, sich die Zeit zu nehmen, der inneren Stimme nachzuspüren, sie nachklingen zu lassen.... und diese Räume fest im Tages-, Wochen- Jahres- und Lebenslauf zu verankern. Damit wir nicht nach etwas streben, was wir nicht sind.

Denn ich denke, wir sollten uns alle wieder daran erinnern, dass jeder Lebensweg vor allem eines ist: Die größte Liebesgeschichte der Welt!

Pass auf Deinen ersten Schritt auf!

Also, wenn es irgendwie geht: Beginne die Woche niemals mit einem Montag! Denn das wäre so, als ob Du beim Tanzen immer einen Tick zu früh bist. Du stolperst dann durch den Tanz und kommst nicht mehr in den Rhythmus rein, wirkst gehetzt und orientierungslos, und wenn der Tanz vorbei ist, hast Du ganz sicher kein gutes Gefühl.

Beginne die Woche nicht am Montag: Das kann Dein erster Schritt in die Achtsamkeit sein, in den achtsamen Umgang mit Dir und Deinem Innersten. Du wirst merken, wie Du mit der Zeit ruhiger wirst, leichter lebst und Dich gesünder und fröhlicher fühlst, wenn Du den Montag ruhig angehen lässt. Es ist wie der erste Schritt beim Tanzen. Du glaubst es nicht? Letztendlich ist jeder für sich selber aufgefordert, es auszuprobieren. Ich habe aber noch niemanden getroffen, der das nicht bestätigt hätte. Du glaubst, Du kannst es nicht, weil Dir von außen Strukturen vorgegeben sind? Sprich mit Deinem Chef oder such Dir einen andern Job! Verkürze Deine Arbeitszeit oder arbeite an einem anderen Tag dafür länger! Sei kreativ! Kämpfe! Es ist DEIN LEBEN!

Ich habe beim Surfen gelernt: Vor einer Sandbank kommt es auf die richtige Welle an und wenn ich nicht die richtige nehme, kann ich sie danach nicht mehr wechseln. Dann strande ich, bleibe stecken, die nachfolgenden Wellen überspülen mich, das Brett verkantet und der Mast kann brechen.

In diesem Sinne: Stolpere nicht in die Woche, sondern nimm Dir Zeit! Du kennst jetzt den Rhythmus Deiner Seele! Konzentriere Dich auf Dich und Deine Anliegen! Und verabschiede Dich von der Illusion, dass andere entscheiden könnten, was für Dich am besten ist.

Beginne, was zu tun ist:

Am DIENSTAG!

ANHANG

TIPPS FÜR DIE GESTALTUNG DER EINZELNEN WOCHENTAGE

Abschließend möchte ich hier an dieser Stelle noch Möglichkeiten aufzeigen, wie wir die Grundstimmungen der einzelnen Wochentage intensiver erleben können. Auch wenn die aufgezeigten Beispiele vielleicht manchem auf den ersten Blick in seiner eigenen Lebenssituation als nicht realisierbar erscheinen mögen, so ist doch jeder aufgefordert, dann für sich selbst zu überlegen, wie sich das beabsichtigte Grundgefühl des jeweiligen Zeitraumes in seinem ganz eigenen Alltag trotzdem aufbauen und fühlbar machen lässt.

Meine Beispiele sind einfach Vorschläge, vielleicht einfach auch nur Bilder, in welche Richtung es gehen könnte. Und wenn ich an meinem Arbeitsplatz nur ganz bewusst mal eine Musik auflege oder meine Gedanken gezielt in eine andere Richtung lenke, niemand ist so in seinen Arbeitsablauf eingespannt, dass er oder sie nicht jede Woche kleine oder kleinste Änderungen einführen könnte. Nischen gibt es überall und dann ist der Anfang schon mal gemacht!

MONTAG

Beispiele für berufliche Tätigkeiten, die in den Montag passen

Vormittags:
Am besten: Nichts tun / Überstunden abbummeln / spät anfangen / seinen Gedanken nachhängen und die alte Woche nachklingen lassen.
Ansonsten: möglichst alleine und ungestört arbeiten / Rechnungen schreiben / Ablage / Visionsentwicklung / / wenn möglich keine Besprechungen

Nachmittags:
Wochenziele formulieren / Wochenplanung / Teambesprechung / noch nichts beginnen

Abends:
Alles zurechtlegen für den nächsten Tag / den Dienstag gedanklich durchgehen

Vorsicht: Wer sich Montagvormittag geistig zu sehr anstrengt, hat dann am Nachmittag und Abend nicht mehr die notwendige Geisteskraft zur Vorbereitung des herausfordernden Dienstag!

Die Montagsstimmung unterstützende Tätigkeiten

Vormittags:
Nichts tun / Entspannen in der Sauna / Therme / Geheimtipp für zuhause: Basenbad / Spaziergang / Handy

aus / Spuren des Wochenendes beseitigen / „klar Schiff" machen

Nachmittags:
Unterstützend künstlerisch tätig sein, um Visionen zu verdichten ("Montagsmaler")

Abends:
Meditation / Fokussierung auf den kommenden Tag

Besonders gut sind passende begleitende Körperübungen / Sport / Entspannung

Vormittags: Massage

Nachmittags: Bogenschießen / Schwimmen / Joggen

Abends: Meditation

Typischer Tagesablauf

Morgens: Ausschlafen

Vormittags: Ausgiebig frühstücken / die alte Woche abschließen

Mittags: Leichte Kost

Nachmittags: Im Büro / die kommende Woche vorbereiten / Prioritäten setzen

Abends: Entspannung / frühzeitig schlafen gehen

Die Montagsstimmung unterstützende Bücher oder Filme

Bücher:
Susanna Tamaro: „Geh wohin Dein Herz Dich trägt“ / Mirsakarim Norbekov: „Eselsweisheit“

Filme:
“Fitzcarraldo” mit Klaus Kinski / “Weil es Dich gibt” mit John Cusack

DIENSTAG

Beispiele für berufliche Tätigkeiten, die in den Dienstag passen

Vormittags:
Projekte starten oder weiter vorantreiben / Das zuerst tun, wovor ich mich am meisten fürchte und/oder wo ich den meisten Widerstand erwarte / Konflikte ansprechen und ausfechten / keine Routineaufgaben, sondern Neues angehen

Nachmittags:
Weiter für die eigenen Interessen ringen /Projekte vorantreiben / eventuell Wochenziele für den Rest der Woche nach den Erfahrungen des Tages umformulieren

Die Dienstagsstimmung unterstützende Tätigkeiten

Morgens:
Meditation /Fokussierung / Gebet / Geheimtipp: Morgens früh Äste im Wald zerschlagen

Tagsüber:
In den Pausen: Kampfmeditative Übungen / Ringen / Boxen / Fechten (kein erschöpfender Sport, da die Kräfte gebraucht werden)

Abends:
Mit seinen Lieben um´s Feuer sitzen

Typischer Tagesablauf

Morgens: Früh aufstehen / für den „Kampf“ wappnen / und los!

Vormittags: Starten / Kommunizieren / Vorantreiben / Streiten

Mittags: Leichte Kost / eventuell im Stehen

Nachmittags: Weiter machen / Vision klären

Abends: Entspannt im Kreis der Familie / am Feuer / „Weihnachten der Woche“

Die Dienstagsstimmung unterstützende Bücher, Filme, Musik

Bücher:
Eduard Winter: „Ketzerschicksale“ / Ernst Jünger: „Das abenteuerliche Herz“ /
Daniel Dafoe : „Robinson Crusoe“

Filme:
„Die Wutprobe“ / „Ganz oder gar nicht“

MITTWOCH

Beispiele für berufliche Tätigkeiten, die in den Mittwoch passen

Vormittags:
Zeit höchster Aktivität / konzentrierte Umsetzung der Ziele

Nachmittags:
Am besten: Frei machen / wenn unbedingt notwendig, dann wie vormittags weitermachen

Die Mittwochsstimmung unterstützende Tätigkeiten

Vormittags: Klettern

Nachmittags: Sportarten zum Auspowern, am besten in der Mannschaft wie Fußball /
Sportarten, die das Loslassen fördern wie Abfahrtski / Turmspringen

Abends: Sauna / Tanzen gehen / „Karneval der Woche"

Typischer Tagesablauf

Morgens: Früh auf / Routineaufgaben abarbeiten

Vormittags: „Wirbeln"

Mittags: Gut essen / „Runterkommen"

Nachmittags: Ausruhen / Sport draußen

Abends: Sauna / Tanzen

Die Mittwochsstimmung unterstützende Bücher, Filme oder Musik

Filme:
„Das Streben nach Glück“

DONNERSTAG

Beispiele für berufliche Tätigkeiten, die in den Donnerstag passen

Vormittags:
Geheimtipp!: Open Space Konferenz / viele offene Gespräche in lockerer Atmosphäre

Nachmittags:
Die am Vormittag gewonnenen neuen Erkenntnisse anfangen umzusetzen / Den Freitag, wo alles rund und abgeschlossen werden soll, vorbereiten

Die Donnerstagsstimmung unterstützende Tätigkeiten

Vormittags: Heißluftballon / Ausflüge / Wandern / Tanz / Fastentag

Nachmittags: Aufräumen, putzen, wegsortieren

Abends: Unterm Sternenhimmel

Typischer Tagesablauf

Vormittags: Open Space / Einen Ausflug machen, auch im übertragenen Sinne / viele neue Eindrücke und Begegnungen / „Kaffeekränzchen"

Mittags: Picknick

Nachmittags: Die neuen Einsichten fixieren / Aufräumen / traditioneller "Waschtag"

Abends: Abendspaziergang / Abendessen mit Freunden

Die Donnerstagsstimmung unterstützende Bücher oder Filme

Bücher:
Haruki Murakami: „Wie ich eines schönen Morgens im April das 100%ige Mädchen sah"

Filme:
„Nokan", „Lunchbox"

Filmkomödien:
„Und täglich grüßt das Murmeltier", „Dark Star", „Im Juli", „Schultze gets the blues", „Der Ja-Sager", „Family Man"

FREITAG

Beispiele für berufliche Tätigkeiten, die in den Freitag passen

Vormittags: Wochenarbeit abschließen / Projekte rund und schön machen / Produkte ausliefern / Wochenmärkte

Nachmittags: Frei (sonst wie vormittags)

Die Freitagsstimmung unterstützende Tätigkeiten

Vormittags: Tragen von sinnlicher Kleidung / Trommeln / Tanz

Nachmittags: barfuß / ausgelassen spielen

Abends: Sex / Sinnlicher Tanz

Typischer Tagesablauf

Vormittags: Das Wochenwerk abschließen und „rund machen"

Mittags: Essen im Kreis der Lieben

Nachmittags: Frei machen, in die Natur gehen, mit den Kindern spielen, Künstlerisches

Abends: sinnlicher Abend

Die Freitagsstimmung unterstützende Bücher oder Filme

Bücher:
Edda Singrün-Zorn „Das Lied der Arve“

Filmkomödie:
„Don Juan di Marco“

SAMSTAG

Beispiele für Tätigkeiten, die dabei helfen, in die Samstagsstimmung zu kommen

Vormittags:
Liegen und Sinnen / Vorfahren auf dem Friedhof besuchen / Geheimtipp! Puzzeln / In alten Tagebüchern und Fotos schmökern

Nachmittags:
In einem See baden / Chronik oder Tagebuch schreiben / „Asche in den Fluss" schmeißen

Abends:
Im Kreis der Lieben / Fest

Beispiele für berufliche Tätigkeiten, die in den Samstag passen:

Nichts tun!

Nur wenn es kriselt:
Vormittags: Probleme benennen / Krisengespräche / Berufsfindungsüberlegungen
Nachmittags: Problemlösungen definieren / Entschlüsse fassen

Besonders gut passende Körperübungen / Sport / Entspannung

Vormittags: Liegen / Blues hören /Einfach im Schatten in der Hängematte entspannen /Nackt baden /

Nachmittags: Schwimmen im See / Kanufahren auf einem Fluss

Abends: Sauna

Typischer Tagesablauf für jemanden mit Klärungsbedarf (Zeichen von Engegefühl, Unruhe, Angst)

Morgens: Ausschlafen, Lange liegen bleiben /Dösen

Vormittags: Die Gedanken kommen lassen / Die Probleme spüren und erkennen / Nachforschungen

Nachmittags: Lösungsbilder kommen lassen / Ausmisten / Baden / Asche in den Fluss werfen

Abends: Im Kreis der Familie oder guter Freunde

Die Samstagsstimmung unterstützende Bücher oder Filme

Sachbuch: Karen Kingston „Feng Shui oder das Gerümpel des Alltags"

Bücher: Haruki Murakami „Mister Aufziehvogel"

Filme: „Orlando“, „Gravity“, „Schiffsmeldungen“, „Weil es Dich gibt“

SONNTAG

Beispiele für berufliche Tätigkeiten, die in den Sonntag passen

Ganztägig: Großer Markt / Messebesuch / Große Konferenzen

Die Sonntagsstimmung unterstützende Tätigkeiten

Ganztägig: Fest

Morgens: Sektfrühstück / Im Meer in der Brandung schwimmen

Vormittags: Etwas aus Gold tragen / Festliche Kleidung /

Nachmittags: Familiennachmittag / Promenade

Abends: Spaziergang im Mondschein

Typischer Tagesablauf

Morgens: Früh auf

Vormittags: Aktivität, was einem Spaß bringt

Mittags: Gemeinsames großes Mahl

Nachmittags: Entspanntes Beisammensein „zwischen Raum und Zeit“

Abends: Langer Abendspaziergang

Die Sonntagsstimmung unterstützende Bücher oder Filme

Bücher:
Ephraim Kishon „Familiengeschichten“

VERANSTALTUNGEN ZUM BUCH

„Beginne die Woche niemals mit einem Montag!"
Grundlagenseminar I
Zweitägiges Grundlagenseminar zum Rhythmus unserer Seele und wie er sich in unserem Wochenaufbau zeigt

„Der Wochenrhythmus im Jahreslauf"
Grundlagenseminar II
Zweitägiges Vertiefungsseminar über die sieben Abschnitte des Jahres, die mit unserem Wochenaufbau korrelieren, und wie wir das Wissen gewinnbringend nutzen können.

„Die sieben Phasen unseres Lebens"
Grundlagenseminar III
Zweitägiges Vertiefungsseminar zur Biografiearbeit im Wissen um den Rhythmus unserer Seele. Über die Grundstimmung eines jeden Lebensjahres und der einzelnen Jahrsiebte und wie wir daraus ein besseres Verständnis für unsere Vergangenheit, Tipps für das Heute und Ratschläge für unsere Zukunft ziehen können.

„Kompakt-Grundlagenseminar"
Grundlagenseminar I-III
Dieses zehntägige Seminar findet an einem Urlaubsort statt. Die Lehrinhalte werden vormittags vermittelt, nachmittags besteht die Möglichkeit, an Übungen zum Nachspüren der einzelnen Wochentagsqualitäten teilzunehmen.

„Eine Woche!"

Praxis-Seminar

Siebentägiges Einübungsseminar mit Übungen zum Nachspüren der einzelnen Wochentagsqualitäten und Ritualen zur Verstärkung der täglichen Grundstimmungen. Im Laufe der Woche wird jeder unter Berücksichtigung der einzelnen Tagesqualitäten an der Umsetzung eines persönlichen Vorhabens arbeiten.

„Spürst Du´s?"

Jahresabschnittseinstimmungen

Einstimmungen in die einzelnen Wochentagsgrundstimmungen zu Beginn der jeweiligen zu den Wochentagen passenden Jahresabschnitten

QUELLENNACHWEIS DER VERWENDETEN ZITATE

Die Quellen der Zitate, deren Herkunft im Text nicht schon genannt wurde:

S. 19: Das Zitat von John O`Donahue stammt aus dem Buch „Anam Cara – Das Buch der keltischen Weisheit".

S. 82 Das Zitat von Robert Bly stammt aus seinem Buch „Eisenhans".

S. 89: Das Zitat von Hermann Hesse stammt aus seinem Gedicht „Stufen".

S. 93: Das Zitat von Gernot Candolin stammt aus seinem Buch „Das geheimnisvolle Labyrinth".

S. 100 Das Zitat von Max Frisch stammt aus seinem Buch „Homo Faber".

S.100 Das Zitat von Art Reade stammt aus einem Folder von ihm zu einem seiner Seminare.

S.104 Das Zitat von Georgio Armani ist vielfach im Internet belegt, aber es lässt sich keine Entstehungsquelle erkennen.

S.105 Das Zitat von Sunzi stammt aus seinem Buch „Die Kunst des Krieges".

S. 112 Das Zitat von Else Hueck-Dehio stammt aus ihrem Buch „Die Magd im Vorhof".

S. 116 Das Zitat von Johann Wolfgang von Goethe stammt aus einer seiner Sonetten.

S. 116 Das Zitat der anonymen Autorin „phoenix" stammt aus dem Buch „Venus ist noch fern".

S. 128 Das Zitat von Robert Bly stammt aus seinem Buch „Eisenhans".

S. 130 und 132 Die Zitate von Haruki Murakami stammen aus seinem Buch „Mister Aufziehvogel".

	MO	DI	MI	DO	FR	SA	SO
0	1	2	3	4	5	6	7
7	8	9	10	11	12	13	14
14	15	16	17	18	19	20	21
				25	26		
	22			32	33		
	29			39	40		
	36			46	47		
	43			53			
	50						

www.beizeiten.info

22368747R00117

Printed in Poland
by Amazon Fulfillment
Poland Sp. z o.o., Wrocław